UNTRANSLATABLE

93

RUSSIAN WORDS

NATALIA GOGOLITSYNA

Russian Life
BOOKS

© 2008, Russian Information Services, Inc.

All rights reserved. No part of this book may be reproduced or transmitted in any form, by any means mechanical or electronic, including photocopying, recording, or any information storage retrieval system now known or to be invented, without the expressed written permission of the publisher.

Published by:
Russian Information Services, Inc.
PO Box 567
Montpelier, VT 05601

802-223-4955 phone
802-223-6105 fax
orders@russianlife.com
www.russianlife.com

Printed and bound in the U.S.

Russian Information Services, Montpelier, VT USA

ISBN: 978-1-880100-09-6

Cover photo: *No trespass*, by Paul E. Richardson

Table of Contents

а	9
аво́сь	10
аза́ртный	11
бездоро́жье	12
белору́чка	13
бо́дрый / бо́дрость	14
бу́дни	16
быль	17
быт	18
во́ля	20
выступа́ть / вы́ступить	22
ги́бель, ги́бнуть, погиба́ть / поги́бнуть	23
гололёд, гололе́дица	25
дежу́рная, дежу́рный	26
де́ятель	27
душа́	28
душе́вный	29
закономе́рный	30
засто́й	31
земля́к / земля́чка	32
земля́чество	32
злой	33
изя́щный, изя́щество	34
интеллиге́нт / интеллиге́нтка, интеллиге́нтный, интеллиге́нция	36
кипято́к	38
кре́пкий	39
кропотли́вый	40
крупа́	41
кру́пный	42
лицо́	43
ли́чность	44
любова́ться / полюбова́ться	45
ме́лкий	46
мещани́н, меща́нский, меща́нство	47
мировоззре́ние	49
ненагля́дный	50

новостро́йка	51
обыва́тель	52
однолю́б	53
опохмели́ться / опохмеля́ться	54
опохме́л(ка)	54
о́тзыв	55
отхо́дчивый	56
очередно́й	57
по́двиг	58
по́шлый, по́шлость	60
пра́здник	62
про́воды	64
просто́р	65
раздо́лье	66
разма́х	67
разру́ха	69
рове́сник / рове́сница	70
родно́й	71
саморо́док	72
све́рстник / све́рстница	73
свой	74
сгла́зить	76
сплошно́й	77
срок	78
стро́йный	79
судьба́	80
су́тки	82
сы́пать	83
тоска́	84
увлека́ться / увле́чься	86
успева́ть / успе́ть	88
хам / ха́мка, ха́мство, ха́мский	89
чужо́й	90
Old Russian Measurements	92

What is Lost in Translation

When dealing with two languages – whether translating from one language to another or instructing students – one frequently finds that the words of one language do not translate satisfactorily into the other, even though they are given as dictionary equivalents.

This book collects Russian words for which finding an equivalent in English is a laborious matter and often a matter of paraphrase. The 93 words in this volume have attracted my attention (and that of colleagues) over the years and, at times, have given me and my students difficulty finding English equivalents.

Words had to meet at least one of the following two criteria for inclusion: (1) they lacked a single English equivalent and often had to be translated using a descriptive phrase; (2) bilingual dictionaries offer two or more possible translations that are difficult to chose among. Slang and jargon words are not included. Instead, focus was primarily on nouns, adjectives and verbs. Frequency of use and the relative importance of words were also taken into consideration.

This book is intended for English students of the Russian language (and their Russian counterparts studying English), and for translators between the two languages. It may also be of interest to psychologists and educators, as it could offer insights into psycho-linguistic differences between Russian and English speakers, into the differences in their worldviews. Studying lexical and conceptual peculiarities of Russian versus English makes it clearer where and how the two languages and cultures differ in dividing up the world, organizing concepts, feeling attachments, and setting priorities.

The words are presented alphabetically, with each word or word group set off in a separate entry. Most entries lead off with common English translations from the Oxford and other Russian-English dictionaries, and a short commentary on why translation of this particular word can be difficult. This is followed by Russian dictionary definitions (usually from the Ozhegov, Dal or the Academic Dictionary of the Russian Language) and usage examples with suggested translations. All examples are from books and periodicals. Unattributed examples were gathered from everyday speech or from print or broadcast media.

As a bonus, and because we had a few spare pages in this volume, the publisher has opted to include a useful collection of some additional "untranslatable" words: old Russian measurements. The avid reader of pre-20th century Russian literature will frequently find references to the *pud* and the *versta*, to the *sazhen* and the *vershok*. We hope this table illuminates those and other terms, placing them in the fuller context of the then-prevailing Russian system for measuring the world.

Finally, for some, the title of this book may be misleading. To be sure, the words contained in this book are not, strictly speaking, "untranslatable." Instead, they are words which are "very difficult to translate because they are so imbued with cultural or historical meaning." But a book must have a title, and, generally speaking, shorter is better.

Natalia Gogolitsyna
Bristol, England

p.s. Corrections, alternative translations and ideas for new entries are of course welcomed. We would love nothing more than to gather enough new entries from other teachers and students of Russian to publish a second collection of "untranslatables."

About the Author

Natalia Gogolitsyna was educated at the Herzen Institute in St. Petersburg and teaches translation and Russian at the University of Bristol, UK. She has a scholarly interest in the field of lexis and phraseology, with particular emphasis on non-equivalence. She is co-author with Derek Offord of the second, augmented edition of *Using Russian: A Guide to Contemporary Usage*, Cambridge University Press.

Edited by
Paul E. Richardson & Nora Favorov

а
{conjunction}

Often used in proverbs, "a" may pose difficulty in translation because, depending on the situation and context, it can mean opposite things: (1) and; while; (2) but; yet. In fact, in many instances, "a" is not translated at all, particularly in proverbial usages.

А – соединяет предложения или члены предложения со значением противопоставления, сопоставления.	A – connects sentences or parts of sentences with a sense of contrast, comparison.
Словарь Ожегова	*Ozhegov Dictionary*

Ученье – свет, а неученье – тьма.

Learning is light, ignorance is darkness.

Новых друзей наживай, а старых не теряй!

Make new friends, but don't lose the old ones!

Красно говорит, а слушать нечего.

He speaks beautifully, yet there is nothing to listen to.

Добро помни, а зло забывай.

Remember the good, forget the evil.

Бог дал два уха, а язык один.

God gave us two ears, but only one tongue.

Счастье в нас, а не вокруг да около.
Русские пословицы

Happiness is inside us, not round and about us.
Russian proverbs

Я всю жизнь выписывал пословицы, которые мне нравились своей глубиной и точностью. Причем не просто выписывал, а искал и находил решение трудных проблем.
Александр Солженицын

All my life I have written down proverbs, which I liked for their depth and precision. Yet I was not just writing them down, but seeking and finding solutions to difficult problems.
Alexander Solzhenitsyn

авось
{participle}

This colloquial word and expression combines the meaning of "perhaps," "I wish," "on the off-chance" and "hopefully," which creates problems when translating. In Russian folklore, it has both positive and negative connotations.

Выражение желания или надежды; может быть. Авось Бог поможет. Авось – вся надежда наша.
Словарь Даля

Expression of wish or hope; perhaps. We can only hope that God will help. Chance is our only hope.
Dal Dictionary

... понятие "русский авось." Что это такое? На самом деле это привычка жить в условиях ограниченной информации. Жить и выживать.
Валерий Миляев

... the concept of "Russian *avos*". What is it? In fact it is the habit of living in conditions of limited information. Living and surviving.
Valery Milyayev

... русский человек не может работать так, как англичанин, у нас по-прежнему все на авось делается.
Андрей Кончаловский

... a Russian can't work like an Englishman, even now we do everything on the off chance.
Andrei Konchalovsky

Обидно, что до дембеля уже мало, а тут комета. Авось обойдется.
Дмитрий Быков

It's a nuisance that demobilization is near and now we have a comet. One can only hope it will turn out all right.
Dmitry Bykov

... понадеялся на русский авось.
Александр Пушкин

... he hoped for the Russian *avos*.
Alexander Pushkin

аза́ртный
{adjective}

This word is hard to translate because many English adjectives are close in meaning to the Russian word, but no single one is exact or sufficient. Sometimes a descriptive phrase is used to render the meaning. Usually translated as: adventurous, animated, passionate; heated, venturesome; describes somebody who gets carried away by something (see also увлекаться) or is prepared to stake a lot on something, e.g., азартный человек, a gambler (figurative); also азартные игры: games of chance, gambling.

Делающий что-нибудь с азартом, увлекающийся, страстный. Азартный игрок. Азартные игры. Азартно спорить.

Словарь Ожегова

Doing something with passion, getting carried away, passionate. A gambler. Games of chance. To dispute passionately.

Ozhegov Dictionary

Азартный болельщик.

Галкин известен своим пристрастием к азартным играм.

Лента.ру

A passionate or dedicated fan.

Galkin is known for his passion for gambling.

Lenta.ru

... разговор вышел такой длинный и азартный, что целую неделю после я не мог говорить и совсем потерял голос...

Павел Флоренский

... the conversation was so long and heated that, for a whole week afterwards, I could not speak and lost my voice completely...

Pavel Florensky

Ты схватывал все на лету, проявляя рвение, делался азартным, пресыщенным, безжалостным...

Михаил Шишкин

You grasped everything at once, showing enthusiasm, you became passionate, satiated, merciless...

Michael Shishkin

бездоро́жье
{noun, neuter}
(also: беспутица, распутица, бездорожица)
Translation of this word normally requires a descriptive phrase: the absence of roads; the bad condition of roads or a season when roads are impassable.

Отсутствие, недостаток или плохое состояние проезжих дорог. Осеннее бездорожье.
Словарь Ожегова

The absence, lack or bad condition of roads. Impassable roads in autumn.
Ozhegov Dictionary

Бездорожье в России – причина многих проблем.

In Russia impassable roads cause many problems.

Бездорожье застало нас врасплох: машина застряла, пришлось идти пешком.

The bad roads caught us unawares: the car got stuck, we had to walk.

В эту пору шутки Чехова уже не веселили близких: знали о недавних легочных кровотечениях, о том, что болезнь его неизлечима, с тревогой думали о долгом путешествии через всю страну по уральскому и сибирскому бездорожью...
Путешествие было трудным, и Чехову часто бывало не до веселья...
Михаил Громов

At that time, Chekhov's jokes no longer amused his family: they knew about his recent lung haemorrhages, knew that his disease was incurable, worried about his long journey across the country along the impassable Ural and Siberian roads... The trip was difficult and Chekhov was often unhappy...
Michael Gromov

белору́чка
{noun, masculine and feminine}
Literally: a person with white hands, i.e., somebody who avoids rough or dirty work; softie; fine gentleman, fine lady. The word is critical and moderately sarcastic.

Тот (или та), кто чуждается физической или вообще трудной, грубой работы.
Словарь Ожегова

He (or she) who avoids physical work, or difficult or rough work in general.
Ozhegov Dictionary

Я не боюсь грязной работы, я не белоручка.

I'm not afraid to get my hands dirty, I'm no softie.

Мать воспитала ее белоручкой, брала на себя всю грязную работу.

Her mother brought her up as a fine lady, and took all the dirty work upon herself.

Длительным будничным трудом мы брезговали, белоручки были, в сущности, страшные.
Иван Бунин

We were squeamish about lingering humdrum work and were, in essence, terrible softies.
Ivan Bunin

Обеим бабкам я вышла – внучка: чернорабочий – и белоручка!
Марина Цветаева

I am the granddaughter of both my grannies: a laborer and a fine lady!
Marina Tsvetaeva

... ведаясь промеж себя, в кругу людей, коим уже родом и судьбою назначено жить белоручками, мы удалены... от жизни чернорабочей. Жизнь простолюдина кажется нам чрезвычайно однообразною, незанимательною.
Владимир Даль

... mixing among our own kind, in a circle of people destined by birth and fate to live as fine gentry... we are far removed from laborers. To us, their life seems extremely dull and monotonous.
Vladimir Dal

бо́дрый / бо́дрость
{adjective / noun}

Бодрый is an antonym for sleepy (бодрствовать: to stay awake, keep vigil), limp or timid, as well as for weak and unwell, miserable (в бодром настроении: in good spirits, in contrast with в веселом настроении: in high spirits). The difficulty when translating is choosing from many synonyms to affix the proper meaning: cheerful, bright, hale and hearty, brisk, energetic, active, vigorous, spirited, alert, wide awake, lively, robust, optimistic.

Полный сил, деятельности, энергии. Бодрое настроение. Бодрый старик. *Словарь Ожегова*	Full of strength, activity, vigor, energy. A cheerful mood. A vigorous old man. *Ozhegov Dictionary*
Дух бодр, да плоть немощна. *Поговорка*	The spirit is willing but the flesh is weak. *Saying*
Бодрый дух бывает чаще в здоровом теле.	A cheerful spirit is more often present in a healthy body.
... она была маленькая, но бодрая и ехидная старушонка... *Дмитрий Быков*	... she was a small but lively and snide old woman... *Dmitry Bykov*
Я вижу Чехова чаще бодрым и улыбающимся, хотя знавал его в плохие периоды его болезни. Там, где находился Чехов, царили шутка, смех и даже шалость. *Иван Бунин*	I see Chekhov more often as vigorous and smiling, though I knew him during the bad periods of his illness. Whenever Chekhov was around, jokes, laughter and even silliness reigned. *Ivan Bunin*
Загорелый, в рубашке с короткими рукавами, в шортах защитного цвета, бодр, весел, спортивен был Борис Юльевич, сообщивший нам, что идет играть в волейбол. *Наталья Ильина*	Tanned, in shirt sleeves and khaki shorts, Boris Yulyevich was brisk, cheerful and sporty, telling us he was off to play volleyball. *Natalya Ilyina*

Жизнь подобна напряженному и чуткому магнитному полю, и когда твое веселое и бодрое тело излучает силу в мир, оно, несомненно, оказывает влияние на сложные волны воль вокруг, и они подвигаются.

Эдуард Лимонов

Life is like a high tension and sensitive magnetic field, and when your cheerful, energetic body radiates force into the world, it doubtless influences the complex waves of volition that surround you, and they give way.

Edward Limonov

И дружба с Ростроповичем стала необходимой Прокофьеву – как приобщение к новым творческим токам, которые могли его поддержать. Ростропович передавал ему свой энтузиазм, вливал в него бодрость.

Софья Хентова

Friendship with Rostropovich became necessary for Prokofiev – like connecting with new creative currents that were able to support him. Rostropovich infected him with his enthusiasm, filled him with vigor.

Sofia Hentova

В понятие вдохновения, мне кажется, неизбежно входит понятие душевной бодрости, физического здоровья.

Вениамин Каверин

I think the idea of inspiration inevitably includes spiritual optimism and physical health.

Veniyamin Kaverin

Маяковский знал, как отвечать на ругань, на злую критику, на скандальный провал. Все это только придавало бы ему бодрости и азарта в борьбе. Но молчание и равнодушие к его творчеству выбило из колеи.

Вероника Полонская

Mayakovsky knew how to respond to abuse, harsh criticism and scandalous failure. All this only gave him more energy and passion for struggle. But silence and indifference towards his creative work unsettled him.

Veronika Polonskaya

бу́дни
{noun, plural}

Literally: weekdays, working days; figuratively: humdrum life, colorless existence, the everyday; antonym of праздники (see below). No one English word seems to combine both the literal and the figurative meanings of the Russian word.

Не праздничные дни; переносно о повседневной, обычной, обыденной жизни. Суровые будни.

Словарь Ожегова

Not holidays; used figuratively for everyday, ordinary life. Hard working days.

Ozhegov Dictionary

... тянутся провинциальные будни, с их неяркой, но утомительной суетой...

Вячеслав Шугаев

... provincial days drag on with their dull but exhausting bustle...

Vyacheslav Shugaev

Наш быт, уроки, институт, зубрежка китайских иероглифов, эти будни я легко выносила, пока они освещались праздниками – посещениями Катерины Ивановны. А сейчас впереди ничего не светит, и как жить?

Наталья Ильина

Our routine – lessons, the institute, cramming Chinese characters – was bearable as long as it was illuminated by festive occasions: the visits of Katerina Ivanovna. But now there's nothing to brighten my days, and how am I supposed to live?

Natalya Ilyina

> # быль
> *{noun, feminine}*
>
> "Reality" comes close to translating this word, yet omits the sense of the past and of narration. (It is derived from the past tense of the verb to be – *был, было*). *Быль* suggests things that really happened, as distinct from inventions or fantasies. Fact, true story.

То, что было. Рассказ о действительном происшествии в отличие от небылицы.
Словарь Ожегова

Something that happened in the past. Narration of a real event, in contrast to something made up.
Ozhegov Dictionary

Говорят, перед смертью Даль подозвал дочь, попросил: "Запиши словечко..." Кажется, это быль. Но, возможно, легенда – предание, как сказал бы Даль.
Владимир Порудоминский

They say that on his deathbed Dal called his daughter and asked: "Write down a word..." This might be a true story. Or it could be a legend – a tradition, as Dal would say.
Vladimir Porudominsky

Это слишком субъективно, слишком биографично. Это было, а не выдумано. "Быль" эту своей биографии Лермонтов выразил в "Демоне"...
Василий Розанов

This is too subjective, too biographical. It really happened, and was not dreamed up. The "reality" of his biography Lermontov expressed in *The Demon*...
Vasily Rozanov

И быль и небылицы о Блоке и о себе.
Любовь Блок

Truths and legends about Blok and myself.
Lubov Blok

Во снах счастье, а в были ненастье.
Владимир Даль

In dreams there is fortune, in reality misfortune.
Vladimir Dal

Я специально выдумываю различные душещипательные истории и, выдавая их за быль, рассказываю своим знакомым.
Юрий Медведь

I intentionally make up all kinds of heart-rending stories and tell them to people I know, pass them off as real events.
Yuri Medved

быт

{noun, masculine}

Way of life; everyday life, daily routine, habitual pattern of life; drudgery. The word (derived from the verb to be: быть) evokes the material world and a static, conservative form of existence. It is contrasted to бытие – the higher, spiritual level of human existence. The English language does not have a word for this.

... В русском языке нет, пожалуй, более загадочного, многомерного и непонятного слова. Ну что такое быт? То ли это какие-то будни, какая-то домашняя повседневность... Химчистки, парикмахерские... Да, это называется бытом. Но и семейная жизнь – тоже быт. Отношения мужа и жены, родителей и детей, родственников, близких и дальних, друг к другу – и это. И рождение человека, и смерть стариков, и болезни, и свадьбы – тоже быт. И взаимоотношения друзей, товарищей по работе, любовь, ссоры, ревность, зависть – все это тоже быт. Но ведь из этого и состоит жизнь! ...

Юрий Трифонов

... There is perhaps no word in the Russian language that is more mysterious, complex and incomprehensible. So what is *byt*? Is it some humdrum everyday life... Dry cleaning, hairdressing... Yes, that's what we call *byt*. But family life is also *byt*. Relations between husband and wife, parents and children, relatives, close and distant – this too. And the birth of someone, the death of old people, illnesses, weddings – these are also *byt*. Relations between friends and colleagues, love, quarrels, jealousy, envy – all these are also *byt*. But this is just what life is comprised of!

Yuri Trifonov

Татьяна Васильевна работала, как мужчина, а боролась с бытом – как женщина. Трудно сказать, где было труднее, – пожалуй, все-таки быт.

Ирина Грекова

Tatyana Vasilyevna worked like a man, but struggled with her household chores like a woman. It is hard to say which was more difficult – though likely her household chores.

Irina Grekova

... я принадлежу к той породе людей, и может быть, к тому поколению русских людей, которое видело в семье и деторождении быт, в любви же видело бытие.

Николай Бердяев

... I belong to the type or possibly to the generation of Russian people who regarded family and child rearing as everyday life and love as a higher level of being.

Nikolai Berdyayev

Меня отталкивал всякий
человеческий быт, и я стремился к
прорыву за обыденный мир.
Николай Бердяев

... он резко различает культуру и
быт, обычную повседневную жизнь.
Сидни Монас

Как врач Чехов достоверно знал, что
внутренний мир человека обостренно
и нервно связан со средой и бытом.
Как писатель он создал
художественный мир, в основу
которого положена гипербола быта,
поглощающего дух: "... люди
обедают, только обедают, а в это
время слагаются их судьбы и
разбивается их жизнь".
Михаил Громов

Бремя обычаев, учреждений,
ежедневной тяжелой работы,
которую русские называют бытом.
Григорий Фрейдин

All forms of everyday human existence
repelled me and I strived to break
beyond the ordinary world.
Nikolai Berdyayev

... he sharply distinguishes culture from
byt, from the habitual pattern of daily
life.
Sidney Monas

As a doctor Chekhov knew for certain
that a man's inner world is connected to
his surroundings and way of life in a
subtle and vital way. As a writer, he
created a fictional world, which had, at
its foundation, the hyperbole of
everyday life which devours the spirit:
"... people are dining, simply dining,
just eating their dinner, and at the same
time their fates are being formed and
their lives are being broken."
Michael Gromov

The burden of customs, institutions,
everyday drudgery that Russians
call *byt*.
Grigory Freidin

ВÓЛЯ

{noun, feminine}
Freedom, liberty, free will. The word implies a lack of constraint, natural freedom, even a state close to anarchy. Воля often suggests open space, untrammeledness, distance. It is a more emotive word than свобода. And it is one of those words which tacitly echoes their opposite (here: тюрьма, неволя).

Свобода в проявлении чего-нибудь. Свободное состояние, не в тюрьме, не взаперти.
Словарь Ожегова

Freedom in the manifestation of something. The condition of freedom, not being in prison, not locked up.
Ozhegov Dictionary

Несдержанность.
Словарь Даля

Liberty, lack of restraint.
Dal Dictionary

Воля – это свобода + простор и природа.
Дмитрий Лихачев

Volya is freedom + space and nature.
Dmitry Likhachev

На свете счастья нет, но есть покой и воля.
Александр Пушкин

There's no happiness in this world, but there's peace and free will.
Alexander Pushkin

К чему склонен простой русский человек в свое свободное время? Кто его знает? К размышлению, к общению, к выпивке. К выпивке не как к самоцели, а как средству общения, веселья, забытья. К воле – на свободу ему наплевать, а волю он любит. Это значит – я вне всяких рамок. И когда говорят: вот вам свобода, он этого не понимает.
Булат Окуджава

What is a simple Russian inclined to do in his free time? Who knows? To reflect, to socialize, to drink. To drink not as an end in itself, but as a means of communication, merrymaking, oblivion. Inclined to free will; he doesn't give a damn about freedom but he loves liberty. It's as if he feels, "Nothing is holding me back." And when they say: "Here you are – here's freedom for you," he does not understand.
Bulat Okudzhava

"Вольная воля"... – это свобода от каких бы то ни было нравственных запретов, свобода от силы тяготения нравственного закона, управляющего человеческой душой.

Бенедикт Сарнов

... чем отличается "воля" от "свободы"? Тем, что "свобода" понятие позитивное и вполне переводимое. "Воля" же – это отсутствие неволи, крепостным давали вольную, "воля" – это когда нет надо мной ярма, нет начальства, своя рука владыка, но нет и долга, нет жизненных обязанностей. На волю бегут куда глаза глядят, на все четыре стороны, например, на дальние окраины, в казаки. (А свободу завоевывают и оберегают.)

Леонид Баткин.

А что такое свобода в обывательском представлении? Волюшка вольная, море по колено!... Запою, запью, загуляю, а там хоть трава не расти. Воля – это чувство подневольного человека, который всю жизнь осторожничал, оглядывался и подчинялся, а теперь вырвался из узды. Подлинная свобода зиждется на фундаменте личной нравственности, чувстве справедливости, уважении к национальным традициям, своей и чужой собственности. Свобода – процесс длительной эволюции, удел человека культурного, индивидуально развитого, но мы прошли этот курс усеченно...

Олег Ларин

Absolute liberty... is freedom from any moral taboos whatsoever, freedom from constraints of the moral law that governs the human soul.

Benedict Sarnov

... what is the difference between *volya* and *svoboda*? It is in the fact that *svoboda* is a positive and perfectly translatable concept. Whereas *volya* – is absence of constraints, when the serfs were given letters of enfranchisement, this letter was called a *volnaya*, *volya* is when I do not have a yoke, when there is no authority over me, I do as I please, but there's no duty, no responsibilities. To get *volya,* people run absolutely anywhere, following their nose, to far away lands, for example to the Cossacks. (But *svoboda*, you have to fight for it and treasure it.)

Leonid Batkin

And what is freedom from the point of view of an average man? Absolute liberty, I don't give a damn!.. I will sing, drink and carouse, and to hell with it all. *Volya* is the feeling of a slave who spent his life being cautious, looking over his shoulder, but now has thrown off his shackles. Real freedom is based on a foundation of personal morality, a sense of justice, respect for national traditions, for one's own and other people's property. Freedom is a process of lengthy evolution, the lot of a cultured, individually developed person, but we skipped parts of the program...

Oleg Larin

выступа́ть / вы́ступить
{verb}

To perform; to make a public statement or appearance, e.g., выступить в парламенте, to speak in Parliament; выступить в печати, to publish something in the press; выступить защитником, to appear for the defense (in court); выступить по радио, to be on the radio; выступить по телевидению, to appear on television; выступить с докладом, to give a paper; выступить с речью, to make a speech. There is no verb in English with such a general meaning, so you have to translate it using specific variants in each case.

Сделать, исполнить что-нибудь публично.
Словарь Ожегова

To do, perform something in public.
Ozhegov Dictionary

С детства этот мальчик любил выступать на сцене: читал стихи, пел.

Since childhood, the boy enjoyed performing on stage: he recited poetry and sang.

Мама уже знала, что я выступаю, и сшила мне маленькое черное платье.
Эдита Пьеха

My mother already knew that I was performing and made a little black dress for me.
Edita Pyekha

Он (Маяковский) острым своим глазом, увидя смешное в человеке, который выступал против него, убивал противника метким определением сразу, наповал. Совсем другим бывал Владимир Владимирович, когда выступал в товарищеской атмосфере перед рабочими или перед красноармейской аудиторией, когда читал молодежи-комсомольцам или студентам.
Вероника Полонская

Having, with his sharp eye, noted something ridiculous in his opponent, he (Mayakovsky) would immediately murder him with an apt remark. Quite a different man was Vladimir Vladimirovich when he gave a reading in a friendly atmosphere, before workers, or Red Army soldiers, Komsomol members or students.
Veronika Polonskaya

гибель, гибнуть, погибать / погибнуть
{noun, feminine; verb}

Destruction, ruin, wreck, downfall, death (especially tragic, violent death in war or as a result of an accident). While the verb forms are roughly equivalent to "to perish," the noun has no English equivalent.

Уничтожение, разрушение, смерть от катастрофы. *Словарь Ожегова*	Annihilation, destruction, death by accident. *Ozhegov Dictionary*
Безжалостная борьба между монархией и интеллигенцией закончилась гибелью обеих. *Николай Зернов*	The ruthless struggle between the monarchy and the *intelligentsia* resulted in the destruction of both. *Nikolai Zernov*
Он уже был женат на женщине, которая позже стала причиной его гибели. *Александр Герцен*	He was already married to the woman who later became the cause of his ruin. *Alexander Herzen*
Гибель Поплавского – именно гибель, не смерть и, вероятно, не самоубийство – в октябре 1935 года сделала его на один день знаменитым: все французские газеты писали о нем. *Нина Берберова*	The violent death of Poplavsky – violent, not natural death, and probably not suicide – made him famous for a single day in October 1935: all the French papers wrote about him. *Nina Berberova*
Во время русско-японской войны команды нескольких кораблей предпочли гибель в морской пучине позорному плену. *Журнал "Москва"*	During the time of the Russo-Japanese war, the crews of several ships preferred watery graves over shameful captivity. *Moscow journal*
Гибель нравственных идеалов сопровождалась нарастающей деградацией цивилизованного быта. *Евгений Пастернак*	The destruction of moral ideals was accompanied by a growing degradation in civilized living conditions. *Evgeny Pasternak*

Нравственная гибель пострашнее физической.

Николай II погиб (и погубил Россию) не потому, что был слишком хорош для монарха – хотя подобное рассуждение в наши дни можно встретить довольно часто. Книга Мориса Палеолога (равно как и книга А. Солженицына) при вдумчивом чтении подталкивает к другому выводу: Николай II погиб (и погубил Россию) потому, что фанатично верил в свое предназначение.
Людмила Поликовская

Вообрази, я здесь одна,
Никто меня не понимает,
Рассудок мой изнемогает,
И молча гибнуть я должна.
Александр Пушкин
"Евгений Онегин"

Moral death is worse than physical death.

Nicholas II perished (and ruined Russia) not because he was too good to be a monarch – though one can come across this argument rather often nowadays. Maurice Paléologue's book (like A. Solzhenitsyn's book) leads you, if you read it thoughtfully, to a different conclusion: Nicholas II perished (and ruined Russia) because he fanatically believed in his destiny.
Lyudmila Polikovskaya

Imagine it: quite on my own
I've no one here who comprehends me,
and now a swooning mind attends me,
dumb I must perish, and alone.
Alexander Pushkin
Eugene Onegin
Translation by Charles Johnston

гололёд, гололéдица
{noun, masculine; feminine}

Гололедица can mean either the period when the ground is covered with ice without snow or the icy surface itself. In both cases, translation is descriptive. Possible variants for translation: ice-covered ground, icy condition of the roads, black ice.

Ходи по улицам осторожно, сегодня страшная гололедица.

Walk carefully in the streets, there's terrible black ice today.

Вот тогда-то, возвращаясь домой, она упала (улицы не убирали, гололедица была страшная), сломала шейку бедра и с тех пор уже не подымается.

Виктор Некрасов

It was then, on her way home, that she fell down (they had not cleared the streets and the black ice was terrible), broke her hip, and never got up again.

Victor Nekrasov

Как уберечься в гололедицу? Гололедица – бич России. Каждый год более полумиллиона пострадавших попадают в больницы и травмопункты с серьезными ушибами, переломами костей, сотрясениями головного мозга после неудачных падений на обледеневших дорогах и улицах... Во время гололедицы лучше не пользоваться обувью на кожаной подошве... В разгар гололедицы без особой необходимости лучше не выходить из дому...

газета Аргументы и факты

How can you protect yourself from icy roads? Black ice is the scourge of Russia. Every year more than half a million patients are taken to hospitals and trauma centers with serious injuries, broken bones and concussions after unfortunate falls on ice-covered roads and streets... It is better not to wear leather soles in times of black ice... Better not to go out at all when the ice is at its worst...

Arguments and Facts *newspaper*

дежу́рная, дежу́рный
{substantivised adjective, feminine and masculine}
The person on duty, receptionist, the person whose turn it is to keep watch, e.g., at the entrance to a unit of apartments or a hotel floor or corridor. This term can be used for the soldier, security guard or receptionist currently on duty, or it can even denote the job of guard or receptionist. The connotation, however, is very different from that of receptionist, since the duty being performed is that of "keeping watch." From the French "de jour."

Дежурная не впустила меня к больному в палату.

The woman on duty did not let me in to the ward to see the patient.

Как сквозь слой воды, услышала голос дежурного по вахте...
Евгения Гинзбург

As if through water, I heard the voice of the person keeping watch...
Yevgenia Ginzburg

Дежурный офицер должен был присутствовать при ежедневных визитах доктора... Часа через два ко мне в кабинет прибежал дежурный офицер и сказал, что в наше помещение идет государь.
Из книги "Белоэмигранты о большевиках и пролетарской революции"

The officer of the watch had to be present during the daily visits of the doctor... Two hours later, the officer on duty ran into my study to tell me that the tsar was coming to visit.
From the book: White Émigrés On the Bolsheviks and the Proletarian Revolution

де́ятель
{noun, masculine}

Literally: someone who does something, an agent, usually only meaningful in combination with some adjective, e.g., государственный деятель – statesman; литературный деятель – writer, journalist, man of letters; общественный деятель – public figure; педагогический деятель – educator; политический деятель – politician. The English language does not have a word for this.

Лицо, проявившее себя в какой-нибудь общественной деятельности.

Словарь Ожегова

A person known for some kind of social activity.

Ozhegov Dictionary

Но всем им (выпускникам консерватории) нужен "универсализм", сиречь культура, без которой никто не может быть полезным и желанным деятелем в наше время.

Генрих Нейгауз

But all of them (conservatory graduates) need "universality," that is culture, without which no one in our time can be a useful and desirable figure.

Heinrich Neuhaus

... человек же с характером, деятель, – существо по преимуществу ограниченное.

Фёдор Достоевский

... a person of character, a doer, – is usually a limited creature.

Fyodor Dostoyevsky

душа́
{noun, feminine}

The English word *soul* translates *душа* in many contexts, but the Russian word is used more widely and much more often; the words *heart*, *feeling* and *spirit* also translate *душа* in some contexts.

По душам говорить	To have a heart-to-heart talk
Душа общества	The life and soul of the party
Душа моя	My dear, darling
Идиомы	*Idioms*

....не каждый умеет читать собственную душу и собственные ощущения.
Нина Садур

... not everyone is able to read their own soul and their own feelings.
Nina Sadur

Мир души, удовлетворенность бытием и мирозданием – большое счастье.
Игорь Ефимов

Inner peace, satisfaction with life and the world, is a great joy.
Igor Yefimov

При помощи языка определенный социум или национальная личность обнаруживает свой внутренний мир, свою душу.
Николай Трубецкой

Through language, a given society or national personality reveals its inner world, its soul.
Nikolai Trubetskoy

Высоцкий был не только большим поэтом и артистом, но и живой душой, совестью своего времени.
Александр Гершкович

Vysotsky was not only a great poet and artist, but also the living spirit and conscience of his time.
Alexander Gershkovich

душе́вный
{adjective}

Sincere, cordial, heartfelt, having soul (душа). The variants that are given as translations into English do exist in Russian, but they do not convey the meaning of душевный exactly, which is the combination of the adjectives sincere, friendly and warm.

Полный искреннего дружелюбия. *Словарь Ожегова*	Full of sincere friendliness. *Ozhegov Dictionary*
Пастернак был уже взрослым, но молодым, когда началась революция. Вырос он в семье культурной и интеллигентной – его отец был известный художник-портретист Леонид Пастернак, довольно близкий ко Льву Толстому и лично и по душевному настроению. *Борис Зайцев*	Pasternak was already grown but still young when the revolution began. He had grown up in a cultured and intellectual family – his father was the famous portrait painter Leonid Pasternak, who was rather close to Leo Tolstoy both personally and in spirit. *Boris Zaitsev*
В обязанности Мыши входило проводить первые, по возможности душевные, беседы с клиентами. *Ольга Славникова*	Mysh's duties included having the initial conversations with clients – as warm and cordial as possible. *Olga Slavnikova*
Веселость и смех – приметы душевной чистоты, здоровья и свободы... *Михаил Громов*	Cheerfulness and laughter are signs of a pure heart, of health and freedom... *Michael Gromov*

закономе́рный
{adjective}

Natural, in the sense of bound to happen, inevitable; in conformity with some law (i.e., the natural order of things, not necessarily or even primarily in the legal sense); normal or regular in one of these senses; cf. законный, legitimate, i.e., in accordance with criminal or civil law. The English language does not have an equivalent.

Соответствующий законам.
Словарь Ожегова

In accordance with laws.
Ozhegov Dictionary

Закономерносты общественного развития, законы природы.

The laws of social development; laws of nature.

Физические закономерности всеобщи, возможности познания мира разными народами вообще-то одинаковы, а вот языки у них определенным образом различаются.
.... Обнаруживается интересная закономерность. Оказывается, очень многие слова расширяют свои значения. К древнему, исконному значению прибавляются все новые и новые оттенки.
Виктор Колесов

Physical laws are universal, different peoples have identical capabilities for understanding the world, but their languages differ in certain ways.
.... An interesting regularity is discovered. It turns out that many words expand their meanings. New shades of meaning are constantly added to the original, ancient meaning.
Victor Kolesov

Фёдор Бурлацкий обоснованно стремится понять "сталинизм" не как результат интриг одного лица или группы лиц, но как определенную всемирно-историческую закономерность.
Вадим Кожинов

Fyodor Burlatsky tries, with good reason, to understand "Stalinism" not as a result of intrigues by one or more persons, but as a certain inevitability of world history.
Vadim Kozhinov

застóй

{noun, masculine}

Stagnation (figurative), whether political, economic or intellectual. The word came to be closely associated with the Brezhnev era of the 1970s.

Остановка, задержка, неблагоприятная для развития, движения чего-нибудь.

Словарь Ожегова

A standstill or delay not favorable for something's development or movement.

Ozhegov Dictionary

Без фантазии и в физике и в химии будет полный застой, так как создание новых гипотез, придумывание новых приборов... – все это продукты фантазии.

Корней Чуковский

Without imagination, there will be complete stagnation in physics and chemistry, for the creation of new hypotheses, the invention of new instruments... all are products of the imagination.

Korney Chukovsky

Мне иногда кажется, что эти ужасные годы "застоя" были периодом интенсивного творческого горения нас всех.

Павел Лунгин

Sometimes I think that those terrible years of "stagnation" were a time of intense creative enthusiasm for us all.

Pavel Lungin

Народ читал художественное произведение во времена застоя не как художественное, а как утоление жажды, как хлеб насущный.

Андрей Битов

In times of stagnation, people read literature not just as an artistic work, but as something that quenched a thirst, as their daily bread.

Andrei Bitov

У меня нет общественных интересов. Мне все равно – застой или перестройка, тоталитаризм или демократия.

Владимир Сорокин

I do not follow public affairs. It's all the same to me – stagnation or *perestroika*, totalitarianism or democracy.

Vladimir Sorokin

земля́к / земля́чка, земля́чество
{noun, masculine and feminine; noun, neuter}
Fellow-countryman, fellow-townsman, fellow-villager; a person from the same district. Земля́чество – group or organization of people from one country, city, region or ethnicity living in a different country. Only descriptive translation is possible.

Уроженец одной с кем-нибудь местности. *Словарь Ожегова*	A person born in the same locality as oneself. *Ozhegov Dictionary*
Все они очень разные – наши земляки, живущие за океаном, в Мюнхене или Париже, во Франкфурте или Израиле. *Андрей Дементьев*	They are all very different – our fellow-countrymen who live across the ocean, in Munich or Paris, in Frankfurt or Israel. *Andrei Dementyev*
Борис Константинович Зайцев родился в 1881 году в Орле и прожил долгую, счастливую, но и многотрудную жизнь. Будучи земляком Тургенева, Бунина и Лескова, писатель, находясь в эмиграции, не мог не обратиться в своем творчестве к судьбе России и русских писателей. *Георгий Зверев*	Boris Konstantinovich Zaitsev was born in 1881 in Oryol and lived a long, happy but hard life. Since he was from the same town as Turgenev, Bunin and Leskov, the writer, living in emigration, could not but focus on to the fate of Russia and Russian writers in his creative work. *Georgy Zverev*
... поп Мелетий и Тимошин отец – земляки, оба северяне, из Архангельска... *Корней Чуковский*	... the priest Melety and Timosha's father are from the same town, both are northerners, from Arkhangelsk... *Korney Chukovsky*
И я приезжаю в Ленинград и читаю объявление: набор студентов польского землячества в хор, дирижёр Александр Броневицкий. *Эдита Пьеха*	So I arrive in Leningrad and read a notice: Polish student expats are being sought for a choir conducted by Alexander Bronevitsky. *Edita Pyekha*

ЗЛОЙ
{adjective}

Evil, bad, wicked, malicious, vicious, unkind, ill-natured, angry. There is no adjective in English that conveys the full range of meaning of злой, which may be best defined as the antonym of добрый.

Заключающий в себе зло. (Зло – нечто дурное, вредное; противоположное – добро.) Полный злобы, злости. Причиняющий сильную неприятность, боль... Сердит, исполнен злобы на кого-что-нибудь.
Словарь Ожегова

Containing evil. (Evil is something bad, harmful; the opposite of good.) Full of evil, malice. Causing great harm, pain... Angry at somebody or something.
Ozhegov Dictionary

Злая собака!

Beware of the dog!

Я подумал, что это старик – злой старик; рука, подумал я, жесткая, злая.
Юрий Олеша

I thought that the old man was an ill-natured old man; his hand, I thought, was a rough, unfriendly one.
Yuri Olesha

Жизненный опыт говорил, что люди злы, фальшивы, жадны и неблагодарны – это было правилом, редкие исключения из которого не меняли дела.
Георгий Иванов

My life's experience had told me that people were evil, false, greedy and ungrateful – that was the rule, and rare exceptions did not change things.
Georgy Ivanov

На этом оставим наших героинь, как Пушкин некогда оставил Онегина в злую для него минуту...
Ольга Славникова

Let us leave our heroines as Pushkin once left Onegin in a bad moment...
Olga Slavnikova

изя́щный, изя́щество
{adjective; noun, neuter}

The variants that are commonly given as translations into English – elegant, graceful, refined – exist in Russian – элегантный, грациозный, утонченный, and none of them alone conveys the meaning of изящный exactly. In some cases, "proportionate" can be used, as can "sophisticated."

Тонкое и строгое соответствие, соразмерность во всем, отвечающая требованиям художественного вкуса.
Словарь Ожегова

A fine and strict correspondence to, or accordance with, the demands of artistic taste.
Ozhegov Dictionary

Согласованный с искусством, ... сделанный со вкусом.
Словарь Даля

In harmony with art... tastefully done.
Dal Dictionary

Хотите быть изящными – ешьте поменьше.

If you want to be slender – eat less.

Вошла Марина Ивановна – изящная, стройная, привлекательная. В ней чувствовалось сочетание застенчивости и гордости.
Надежда Павлович

Marina Ivanovna came in – graceful, slender, attractive. One could sense a mixture of timidity and pride in her.
Nadezhda Pavlovich

... у двухлетних и трехлетних детей такое сильное чутье языка, что создаваемые ими слова... очень метки, изящны, естественны...
Корней Чуковский

... two and three year old children have such a strong feeling for language that the words they create ... are very apt, elegant, and natural...
Korney Chukovsky

... от ее прикосновения все становится легким, изящным, грациозным. Но это изящество ненастоящей, игрушечной жизни...
Бенедикт Сарнов

... with her touch, everything becomes light, elegant, graceful. But it is the elegance of an unreal, make-believe life...
Benedict Sarnov

Блестящие прозрения Ахматовой, – поэта и читателя – скрывались за изящным построением статей Ахматовой – литературоведа.

Надежда Мандельштам

Степан был невысок, неширок, но ладен и даже изящен.

Булат Окуджава

Орсини был римлянин, и какая-то античная строгость была в изящных его чертах.

Лев Славин

... нас все будет окружать необыкновенное, все прекрасное и изящное...

Наталия Герцен

Огарев считал Натали самой прекрасной женщиной из всех, кого он знал. Он находил в ней непревзойденное изящество.

Лев Славин

Можно смело сказать, что нечто истинно моцартовское было в легкости, в изяществе, с которым он (Юрий Тынянов) работал во всех жанрах – в прозе, и в критике, и в театре, и в практике кино. Изящество – это для его жизни и личности – меткое слово. Недаром "Кюхля" был написан в один месяц. Изящество не мешало, а помогало высказывать свою новую и глубокую мысль, изящество помогало его иронии, сарказму, остроумию.

Вениамин Каверин

Behind the exquisitely constructed articles by Akhmatova the literary critic lay the brillliant insights of Akhmatova the poet and reader.

Nadezhda Mandelstam

Stepan was not tall or broad, but well-proportioned and even refined.

Bulat Okudzhava

Orsini was a Roman and there was a certain ancient severity in his refined features.

Lev Slavin

... we shall be surrounded by everything that is unusual, everything that is beautiful and elegant...

Natalya Herzen

Ogarev thought Natalie the most beautiful woman of all that he knew. He found in her a matchless grace.

Lev Slavin

One can boldly say that there was something truly Mozartian in the ease and elegance with which he (Yuri Tynyanov) worked in all genres – in prose, literary criticism, theatre and cinema. Elegance is an apt word for his life and personality. There was a reason *Kyukhlya* was written in just one month. Elegance did not prevent but rather helped him to express his new and profound thought, elegance helped his irony, sarcasm and wit.

Veniyamin Kaverin

интеллигéнт / интеллигéнтка, интеллигéнтный, интеллигéнция
{noun, masculine, feminine; adjective; collective noun, feminine}

An интеллигент(ка) is a member of the educated, professional class(es). The collective noun denotes a group of intellectuals who are politically engaged but at the same time are excluded from power and who feel a sense of moral responsibility to the state. The adjective is used to denote a person with these qualities – cultured, educated, socially aware – and интеллигент denotes a representative of the group. The problem with the word is that it does not mean simply "intellectual," but also implies a sense of moral responsibility and interest in social matters.

Работники умственного труда, обладающие образованием и специальными знаниями в различных областях науки, техники и культуры.
Словарь Ожегова

People who work with their brains and are well educated, with specialized knowledge in various spheres of science, technology and culture.
Ozhegov Dictionary

Разумная, образованная, умственно развитая часть жителей.
Словарь Даля

Intellectually developed people with reasoning ability and education.
Dal Dictionary

Мы, группа московских интеллигентов, собрались тогда в Новгороде на конференцию, посвященную тысячелетию культуры этого города. Актеры, филологи, архитекторы, писатели, археологи, художники, музыканты.
Владимир Солоухин

We, a group of educated Muscovites, gathered in Novgorod for a conference to mark the millennium of that town's culture. Actors, philologists, architects, writers, archeologists, artists, musicians.
Vladimir Soloukhin

Я родился в 1921 году в Москве, в интеллигентной и дружной семье. Мой отец – преподаватель физики, автор ряда широко известных учебных и научно-популярных книг. С детства я жил в атмосфере порядочности, взаимопомощи и такта, трудолюбия и уважения к высокому овладению избранной профессией.
Андрей Сахаров

I was born in 1921 in Moscow into a cultured and close-knit family. My father was a lecturer in physics, author of well-known textbooks and books on popular science. From childhood, I lived in an atmosphere of decency, mutual aid, tact, hard work and respect for the highest professionalism in one's chosen field.
Andrei Sakharov

Хрущев, Брежнев, Андропов, Черненко, Горбачев, Ельцин, – все они представляют тех, кого в России называют интеллигентами в первом поколении, а точнее – полуинтеллигентами. Выходцы из беднейших слоев населения, едва прихваченные культурой и образованием.

Фёдор Бурлацкий

Русская интеллигенция – единственная в своем роде. Ни в одной стране мира не было хотя бы отчасти подобной социальной группы... .Ее ведущий принцип – служение простому народу... . У нее не было созидательной программы, ее энергия и интересы направлялись на борьбу с существующим политическим порядком в надежде, что с победой само по себе придет и осуществление социалистической утопии. Интеллигенция ненавидела все силы власти, смотрела на все формы управления как на зло и угнетение. Она не желала властвовать и не была способна взять на себя необходимую ответственность. Когда в 1917 году пала монархия, интеллигенция выпустила власть из рук.

Николай Зернов

Khrushchev, Brezhnev, Andropov, Chernenko, Gorbachev, Yeltsin – they all represent those so-called first generation of educated professionals, or rather, semi-*intelligenty*. They come from the poorest layers of society, with only a smattering of culture and education.

Fyodor Burlatsky

The Russian *intelligentsia* is one of a kind. No other country in the world had an even remotely similar segment of society... Its main principle was serving the common people... It did not have a constructive program, its energy and interests were directed towards struggle against the existing political order in the hope that victory would inevitably bring with it the realization of a socialist utopia. The *intelligentsia* hated all authority and considered all forms of government to be evil and oppressive. It did not want power and was unable to accept the necessary responsibility. When the monarchy fell in 1917, the *intelligentsia* let power slip through its fingers.

Nikolai Zernov

КИПЯТО́К

{noun, masculine}

There is no one word for this, so a descriptive phrase is used in English. Boiling or boiled water, sometimes hot water.

Кипящая или вскипевшая вода. (Переносное, разговорное) О вспыльчивом, горячем человеке.

Словарь Ожегова

Boiling or boiled water. Figuratively or colloquially, a testy, hot-tempered person.

Ozhegov Dictionary

Тонкие пальцы перебирали стакан, наполненный кипятком. Парень смотрел на струящийся пар и улыбался.

Юрий Медведь

Thin fingers felt the glass, full of hot water. The lad looked at the evaporating steam and smiled.

Yuri Medved

... работала она в кипятилке, по утрам и вечерам раздавала кипяток для чая. ... Надо кипятку на всех наносить, это ведер шесть-восемь...

Юлия Вознесенская

... she worked in the room where they kept the hot water urns going, and every morning and every evening she distributed hot water for tea... You had to bring hot water for everybody, some six to eight buckets...

Julia Voznesenskaya

(Она) умирает смертью медленной и верной, не имея ни одного человека, который принес бы ей кипятку или кусок хлеба.

Максим Горький

She is dying a slow and certain death, with nobody to bring her hot water or a piece of bread.

Maxim Gorky

Я помню и люблю его (паровоз) до сих пор, отпыхивающегося на полустанках, пока бежишь за кипятком.

Андрей Битов

I still remember and love it (the steam-engine), puffing at small stations, while you run to get boiling water.

Andrei Bitov

крéпкий
{adjective}

This word is close to сильный in meaning, so "strong" is normally used together with "sturdy," "robust," "vigorous" in order to translate it into English. The problem is that крепкий also has a quality of being unbreakable, because something is compactly constituted. A quality of "solid."

Прочный, такой, что трудно разбить, сломать, порвать. (Крепкий орех.) Сильный физически. Стойкий... Мало разбавленный, насыщенный. (Крепкий чай.)

Словарь Ожегова

Solid, difficult to break or tear. (A hard nut.) Physically strong. Durable, stable... Not diluted, saturated. (Strong tea.)

Ozhegov Dictionary

Я заснула крепким сном и временами, сквозь сон, слышала его голос, но не могла проснуться.

Нина Берберова

I fell into a deep sleep and occasionally I heard his voice through my sleep but could not wake up.

Nina Berberova

Маленькие теплые крепкие руки Лизы обнимали его, усаживали на стул...

Булат Окуджава

Liza's small, warm, vigorous arms embraced him, and sat him down in the chair...

Bulat Okudzhava

Зелен виноград не сладок, млад человек не крепок.

Пословица

Green grapes are not sweet, a young man is not staunch.

Proverb

Вообще-то она при внешней хрупкости была на редкость крепкий человек- это у нее было от матери, крестьянская кровь.

Лев Славин

In general, for all her fragile appearance, she was really a very strong person – she got this from her mother, from her peasant blood.

Lev Slavin

В России вся собственность выросла из "выпросил," или "подарил," или кого-нибудь "обобрал." Труда собственности очень мало. И от этого она не крепка и не уважается.

Георгий Гачев

In Russia, all property originated from being "begged for," or "granted," or was "stolen from" someone. Property earned through one's work is very rare. And because of that it is neither stable nor respected.

Georgy Gachev

кропотли́вый
{adjective}

Laborious, painstaking, precise, minute (as in work). Something that requires much diligence, effort, patience, and attention to detail. Can be used about the nature of work or about a person who does such work. The work is "laborious" and the person has to be "painstaking," because the elements of which the work consists are "many" and "small." "Precise" and "minute" are attempts to translate it, but they fail to imply the necessity of effort and close attention.

Основная тема писем (Чехова) – литературный труд, сосредоточенная, тщательная и кропотливая работа над стилем и языком короткого рассказа: "писательница ... должна не писать, а вышивать на бумаге, чтобы труд был кропотливым, медлительным."

Михаил Громов

The main theme of (Chekhov's) letters is literary work, focused, careful and painstaking attention to the style and language of a short story: "the female writer... should not write but embroider on paper, and her work should be minute and slow."

Michael Gromov

Далее наступает столь же важный этап: кропотливая работа с партийным лидером...

газета Аргументы и факты

Next comes an equally important phase: painstaking work with the party leader.

Arguments and Facts *newspaper*

Она взяла на себя кропотливый труд по составлению словаря.

Газета

She took upon herself the laborious work of compiling a dictionary.

Newspaper

крупá
{noun, feminine}

Groats; a general word for grain from which kasha – a hot cereal from grain – can be made. The English word is very rarely used and is little known in this use. Cereal(s) is perhaps the common word closest in meaning.

Продукт питания, состоящий из цельных или дробленых зерен различных культур. *Академический словарь*	Food product consisting of whole or crushed grains of various cereal crops. *Academic Dictionary*
Белая или манная крупа выделывается из пшеницы; черная или ржаная – изо ржи; овсяная из овса; гречневая из гречи. Вареная крупа называется кашей. *Словарь Даля*	White grain or semolina comes from wheat; black or rye – from rye; oatmeal from oats; buckwheat grain from buckwheat. Cooked cereal is called *kasha*. *Dal Dictionary*
Если вы хотите сварить кашу, то вы должны засыпать крупу в кипящую воду или молоко.	If you want to make *kasha*, you should pour groats into boiling water or milk.
Кстати, до революции, руку на сердце положа, не только не отличала вырезку от требухи – крупы от муки не отличала. *Марина Цветаева*	By the way, before the revolution, believe it or not, I not only failed to distinguish carved meat from offal – I didn't even know the difference between groats and flour. *Marina Tsvetaeva*

кру́пный
{adjective}

Big, large, large-scale, coarse (of salt and sand), prominent, outstanding, important; major, well-known. *The adjective implies that all the elements of a thing are large, e.g., крупный рис, long-grain rice; antonym of мелкий (see page 46). Each of these translations is sometimes satisfactory. What is missing in English is an adjective implying that the bigness of the object is a function of the bigness of the elements constituting the object.*

... сейчас читателю должны быть особенно интересны и важны книги, написанные крупными личностями, теми, кто шел трудным путем к самоосуществлению своего "я," пониманию своего "я," самовыражению его...
Альманах библиофила

... the reader should now be particularly interested in books written by major personalities, those who advanced down the difficult path towards the realization of their "I," the understanding of their "self" and its expression...
The Bibliophile's Almanac

... профессиональный интерес к людям позволяет мне сравнивать судьбы, оценивать их по-своему, отличать крупное, значительное от ничтожного, мелкого.
Вениамин Каверин

... my professional interest in people allows me to compare their destinies, to evaluate them in my own way, and to distinguish between that which is substantive and significant, and that which is petty and shallow.
Veniamin Kaverin

Всё у него было крупное: нос, губы, мясистые уши, пальцы...
Юрий Медведь

Everything about him was large: his nose, lips, fleshy ears, fingers...
Yuri Medved

... на крупном деревенском пальце – тонкое обручальное кольцо...
Бенедикт Сарнов

... on a coarse peasant finger – a thin wedding ring...
Benedict Sarnov

лицо́
{noun, neuter}

Face; person, e.g., гражданское лицо – civilian; действующее лицо – character (in a play); должностное лицо – an official; духовное лицо – clergyman; подставное лицо – dummy, man of straw. Note also: физическое лицо – physical person (legal term); юридическое лицо – juridical person (legal). The word has a general meaning and its translation often depends on the modifying adjective.

1. Передняя часть головы человека. Знакомое лицо. 2. Индивидуальный облик, отличительные черты. Политическое лицо автора. 3. Человек как член общества.

Словарь Ожегова

1. The front part of a person's head. Familiar face. 2. Individual appearance, distinguishing features. Political face of the author. 3. A person as a member of society.

Ozhegov Dictionary

В государственных документах СССР 70-х годов слово стало употребляться для обозначения национальности: *"О выезде из СССР лиц еврейской национальности на постоянное место жительства в Израиль"*. В постсоветское время конструкция стала использоваться для обозначения других национальностей: лицо грузинской национальности, лицо кавказской национальности.

Максим Кронгауз

In USSR state documents in the 1970s, the word began to be used to denote ethnicity: "About Persons of Jewish Ethnicity Leaving the USSR for Permanent Residence in Israel." In post-Soviet times the construction began being used to designate other ethnicities: a person of Georgian ethnicity, a person of Caucasian ethnicity.

Maxim Kronhaus

...г-н Абрамович по-прежнему будет зарегистрирован на Чукотке и будет платить там налог со своих огромных доходов как физическое лицо...

Газета Пульс

... Mr. Abramovich will be registered in Chukotka as before and will pay income taxes there on his enormous profits as a physical person...

Pulse newspaper

ЛИ́ЧНОСТЬ
{noun, feminine}
Personality, person, individual. Several English words can be used for translation in different contexts.

Человеческое "я," человек как носитель каких-нибудь свойств, лицо. Неприкосновенность личности. Светлая личность. Роль личности в истории.

Словарь Ожегова

The human "I," a human being as the bearer of certain qualities, person. Inviolability of the person. A good soul. The role of the individual in history.

Ozhegov Dictionary

Я ему говорила: "Я уже не просто солистка, а Эдита Пьеха. Историю всю жизнь творили личности". Он отвечал: "А мы советские люди – у нас не бывает личностей."

Эдита Пьеха

I said to him: "I am not just a soloist, I am Edita Pyekha. History has always been created by outstanding personalities." He answered: "We are Soviet people – we have no outstanding personalities."

Edita Pyekha

Природа чувствует короткую программу жизни и торопится выявить как можно быстрее всё, что заложено в личность. Поэтому часто тяжело больные дети умственно продвинуты, почти гениальны.

Виктория Токарева

Nature is aware of the short span of life, and makes haste to reveal as quickly as possible everything that is stored up in a person. This is why very sick children are often intellectually advanced, almost to the point of genius.

Victoria Tokareva

А ещё мне нравится, как детей воспитывают на Западе – европейское уважение к личности, равенство людей перед законом.

Андрей Кончаловский

And I also like the way they bring children up in the West – European respect for the individual, the equality of people before the law.

Andrei Konchalovsky

любова́ться / полюбова́ться
{verb}

To enjoy looking at something. The verb may sometimes be translated in English as "to admire" (which does not necessarily suggest looking), yet it has a connotation of feasting one's eyes on something, including natural beauty.

Смотреть на что с любовью, с удовольствием; осматривать, что нравится; наслаждаться созерцанием.

Словарь Даля

To look at something with love, with pleasure; to observe what pleases you; to enjoy contemplating something.

Dal Dictionary

Он – мастер, и тем самым он человек, который не только умеет сделать, но умеет любоваться своей работой.

Виктор Шкловский

He is a master, which means that he is a person who is not only capable of making things, but is also able to admire his own work.

Victor Shklovsky

Я ходил вокруг церкви и любовался этим маленьким, изящным сооружением семнадцатого столетия.

Владимир Солоухин

I walked round the church and feasted my eyes on this small, elegant, seventeenth century construction.

Vladimir Soloukhin

Седина и морщины у женщины то же, что шрамы у мужчины: отметины жизни, достойные любви и лобования.

Ольга Славникова

Grey hair and wrinkles in a woman are the same as scars in a man: signs of life, worthy of love and admiration.

Olga Slavnikova

Какова причина любви? Влечение к прекрасному... Как человеку, ... видящему прекрасный образ, недостаточно только любоваться им, но восхищение постепенно переходит в стремление овладеть предметом восхищения, так и поэт, влюбляясь в чужое, но прекрасное творение, стремится сделать "не свое" своим, слиться с ним – и доказать свою силу, способность этим "не своим" овладеть.

Григорий Кружков

What causes love? Attraction to beauty... Just as a person... who sees a beautiful object is not content to simply admire it, with admiration gradually turning to a desire to possess its object, so the poet, falling in love with a beautiful creation that belongs to someone else, strives to make that which belongs to "someone else" his own, to merge with it – and prove his power, his ability to take over that which belongs to "someone else."

Grigory Kruzhkov

45

мéлкий
{adjective}
Small, fine (of rain, sand, handwriting); also petty, shallow. The adjective implies that something is small in all its parts, small-proportioned; antonym of крýпный (see above); small and insignificant or lacking depth. English translations do not convey the sense of small proportions.

1. Состоящий из малых однородных частиц. Антоним – крупный.
2. Небольшой по величине, объему, размерам. Антоним – крупный.
3. Занимающий невысокое общественное или служебное положение.
4. Не имеющий большого значения, несущественный, незначительный (также переносное).
5. Имеющий небольшую глубину. Антоним – глубокий.

Академический словарь

1. Consisting of small, homogeneous particals. Antonym – large (*krupnyi*).
2. Not big in size, volume, dimensions. Antonym – large.
3. Having a not very high social or professional position.
4. Insignificant, not very important, non-essential (also figuratively).
5. Having little depth. Antonym – deep.

The Academic Dictionary

Троллоп думал, что человек становится патриотом, потому что он слишком мелок и слаб, чтобы стать гражданином мира.

Вениамин Каверин

Trollope thought that a person becomes a patriot because he is too small and weak to become a citizen of the world.

Veniamin Kaverin

Если бы я застрелился, то доставил бы этим большое удовольствие девяти десятым своих друзей и почитателей. И как мелко выражают свое мелкое чувство...

Антон Чехов

If I shot myself, I would give great pleasure to nine tenths of my friends and admirers. How petty they are in their expression of their petty feelings...

Anton Chekhov

мещани́н, меща́нский, меща́нство
{noun, masculine; adjective; collective noun, neuter}

The term *мещанство* originally referred to the commercial-artisan classes in towns and cities, and came to denote one of the *сословия (estates)* into which the population of the Russian Empire was divided - the main ones being the *Дворянство (nobility)*, the *Духовенство (clergy)*, *Купечество (merchants)*, and *Крестьянство (peasants)*. In this sense, it is usually translated as "petit bourgeoisie." In modern, especially Soviet times, to call someone *мещанский* was to suggest that they were narrow-minded, philistine, and materialistic.

Мещанский – свойственный мещанину. Мещанские взгляды. Мещанский вкус. Мещанство:
1. Сословие мещан, мещанское звание. 2. Психология и идеология мещанина.

Словарь Ожегова

Philistine – a quality of narrow minddedness. Philistine views. Petty bourgeois taste. Narrow-mindedness:
1.The class of *meshchane*, *meshchansky* rank. 2. The psychology and ideology of a *meshchanin*.

Ozhegov Dictionary

Поэтесса появляется на пороге некоего респектабельного мещанского дома... Но живой жизни нет места в этом холодном, мертвом доме.

Бенедикт Сарнов

The poetess appears at the threshold of some respectable bourgeois house... But there's no room for real life in this cold bleak house.

Benedict Sarnov

В конце концов поэтам полагается бунтовать против мещанского уюта и слегка шокировать обывателя.

Бенедикт Сарнов

After all, poets are supposed to revolt against bourgeois comfort and shock common folk.

Benedict Sarnov

Действительно, мир собственничества, самоуспокоенности и косная мещанская среда, не порождающая иных идеалов, кроме жажды все большего благополучия и богатства, – это главная тема книги Николая Заболоцкого...

Андрей Турков

Indeed, the world of graspiness, self-satisfaction and a stagnant bourgeois milieu, one that does not generate any ideals other than a thirst for ever more prosperity and wealth – that is what Nikolai Zabolotsky's book is about...

Andrei Turkov

До Герцена слово мещанин – эквивалент бюргера или бюргерши – имело только одно значение: горожанин или ремесленник, член торгового класса; мещанство было собирательное существительное, которое значило не больше, чем сословие горожан или среднего класса. С середины девятнадцатого века, однако, в большой степени под влиянием Герцена, мещанство всё более стало обозначать убогую узость взглядов, эгоизм, лицемерие – неблагородную противоположность всем высоким духовным ценностям; мещанин был носителем этих предосудительных инстинктов.

Тибор Самуэли

Это было в Нижнем Новгороде, и в социальной среде самой плохой репутации – МЕЩАН, по статусу немного выше крестьян и на нижней ступени среднего класса – в социальной среде, которая уже потеряла здоровое отношение к земле, но ничего не приобрела, чтобы заполнить получившийся вакуум, и поэтому стала жертвой худших пороков средних классов без их смягчающих качеств.

Владимир Набоков

Before Herzen the word *meshchanin* – the equivalent of *burgher* or *burghess* – carried only one meaning: that of townsman, or member of the artisan or trading class; *meshchanstvo* was a collective noun which meant nothing more than the estate of townspeople, or the middle class. Since the middle of the nineteenth century, however, largely under Herzen's influence, *meshchanstvo* has more and more come to stand for shabby narrow-mindedness, selfishness, and hypocrisy – for ignoble opposition to all the high spiritual values; *meshchanin* was the bearer of these reprehensible instincts.

Tibor Szamuely

This was in Nizhny Novgorod, and in the social milieu with the worst reputation – that of the *petit bourgeoisie*, in status just above the peasants and on the lowest step of the middle class – a social milieu which had already lost the wholesome relation to the soil but had acquired nothing to fill the vacuum thus created, and therefore one that fell prey to the worst vices of the middle classes without their redeeming qualities.

Vladimir Nabokov

мировоззре́ние
{noun, neuter}

Worldview, set of beliefs, philosophy. *The word implies something more systematic and coherent than the English "outlook"; comparable to the German "Weltanschauung."*

Система взглядов, воззрений на природу и общество.
Словарь Ожегова

A system of views about nature and society.
Ozhegov Dictionary

Долго мне говорил этот первобытный человек о своём мировоззрении. Он видел живую силу в воде...
Владимир Арсеньев

For a long time this primitive man told me about his view of the world. He saw living force in water...
Vladimir Arsenyev

Знаю, что ты будешь разочарована во мне: я выбрал жизненный путь, который никак не укладывается в твоё мировоззрение.
Людмила Улицкая

I know you will be disappointed in me: I chose a way of life which does not fit with your worldview.
Lyudmila Ulitskaya

ненаглядный
{adjective}

Something or somebody that one cannot take one's eyes off. *The word denotes the quality of an object or person, admiration of which one might express with the verb* любоваться *(see above). Beloved; wondrously beautiful (found in folklore and poetry). English doesn't have a word that combines both meanings.*

Любимый, дорогой.	Beloved, dear.
Словарь Ожегова	*Ozhegov Dictionary*

Он любил сестру Нины Грибоедовой, княжну Екатерину Чавчавадзе. Она вышла за другого. Всю жизнь он прожил с этой незаживающей раной, которую он сам все время растравлял нежностью и ожесточением своей личной лирики и своими счетами с высшей грузинской аристократией, крупнейшей звездой которой сияла его ненаглядная, в замужестве владетельная княгиня мингрельская Дадиани.

Борис Пастернак

He loved Nina Griboyedova's sister, princess Ekaterina Chavchavadze. She married someone else. All his life, he lived with this open wound, which he himself constantrly re-opened with the tenderness and bitterness of his personal lyrics and by settling scores with the highest ranking Georgian aristocracy, of which the brightest star was his beloved, who had been elevated by marriage into the House of Dadiani to sovereign princess of Mingrelia.

Boris Pasternak

Некоторые слова казались ей очень странными, и она много раз произносила их, чтобы привыкнуть. "Ненаглядный" – это, оказывается, был не тот, на которого не надо глядеть, а наоборот, очень надо.

Вениамин Каверин

Some of the words seemed very strange to her, and she pronounced them many times in order to get used to them. "Wondrously beautiful," it turned out, did not mean you had to wonder, but that you had to admire the beauty.

Veniamin Kaverin

новостройка
{noun, feminine}

Newly erected building, construction in a new town or district. The word brings to mind the rapid urban development of the post-war Soviet period. In English there are only descriptive phrases for translation: erection of new buildings, newly erected building.

1.Новое, недавно выстроенное здание, сооружение и т. п. 2. Строительство новых зданий, промышленных предприятий и т. п. *Академический словарь.*	1. Newly erected building, construction and so on. 2. Erection of new buildings, industrial enterprises, etc. *The Academic Dictionary*
Получили мы с мужем однокомнатную квартиру в новом доме, в районе новостройки за Автовым. Знаете ведь Автово? Так вот, за ним квартал новый выстроили, за лесом. *Юлия Вознесенская*	My husband and I got a one bedroom apartment in a new house, in a newly constructed district beyond Avtovo. You know Avtovo, don't you? So they built a new block of buildings beyond it, beyond the forest. *Yulia Vosnesenskaya*
Администрация города продавала вторичное жильё по сниженным ценам, в пять раз дешевле, чем новостройка. *Виктория Токарева*	The city administration was selling pre-existing units at reduced prices, five times cheaper than in the newly erected buildings. *Victoria Tokareva*
Мои друзья переехали из центра в район новостроек.	My friends moved from the center to the newly built district.

обыва́тель
{noun, masculine}
Inhabitant, citizen, the average man, the man in the street; figurative – philistine. In Soviet times, the word was used as a synonym for *мещанин* – a narrow-minded person lacking social awareness; it may now be reverting to its pre-revolutionary meaning, losing its perjorative meaning.

---

1. (устарелое) Постоянный житель какой-либо местности. Городской обыватель, сельский обыватель.
2. (презрительно) Человек, лишенный общественного кругозора, живущий мелкими, личными интересами.

Словарь Ожегова

За неимением собственной обыватели живут чужой жизнью. Пусть даже виртуальной.

Виктория Токарева

Теперь он зарабатывал на жизнь, продавая обывателю сусальные пейзажи с обсахаренными ёлочками.

Ольга Славникова

Во мне же самом яростно боролись лингвист и обыватель (в последнем случае снова не имею в виду никакой отрицательной оценки, обычно сопутствующей этому слову), и мне самому интересно разобраться, почему они вступили в такой конфликт.

Максим Кронгауз

Он (Шукшин) никогда не боялся "плохого конца," более того, считал идеалом обывателя – неизбежно счастливый конец и торжествующую добродетель.

Галина Бинова

---

1. (obsolete) Permanent inhabitant of some place. City, village inhabitant.
2. (contemptuous) Person with a narrow social perspective, having petty personal concerns.

Ozhegov Dictionary

Lacking in their own life, philistines live somebody else's life. Even if it is a virtual one.

Victoria Tokareva

He was now making his living by selling saccharine landscapes with sugared fir trees to the man in the street.

Olga Slavnikova

Within me, the linguist and the average man engaged in a fierce battle (by "average man" I do not imply any of the negative connotations which usually accompany this word), and I wondered why they had entered into such a conflict.

Maxim Krongauz

He (Shukshin) was never afraid of an "unhappy ending," indeed, he regarded the philistine's ideal as an inevitably happy ending and the triumph of virtue.

Galina Binova

однолю́б
{noun, masculine}

Somebody who has had only one love in his or her life, or who can love only one person at a time. *The only possible translation is a descriptive or explanatory phrase.*

Тот, кто всю жизнь любит или любил в жизни только одну женщину.
Словарь Ожегова

A man who loves or has loved only one women his entire life [can also be used for a woman with only one love].
Ozhegov Dictionary

Я католичка и по сути однолюб.
Эдита Пьеха

I am a Catholic and in essence have only one love in my life.
Edita Pyekha

С семьей Тютчев не "порывал" и никогда не смог бы решиться на это. Он не был однолюбом. Подобно тому, как раньше любовь к первой жене жила в нем рядом со страстной влюбленностью в Дернберг, так теперь привязанность к ней, его второй жене, совмещалась с любовью к Денисьевой, и это вносило в его отношения к обеим женщинам мучительную раздвоенность.
Аркадий Петров

Tyutchev did not "break" with his family and would never have been able to bring himself to do this. He was not a man who loved only one person at a time. Just as his love for his first wife lived in him alongside a passionate infatuation with Dernberg, so now affection for her, his second wife, coexisted with his love for Denisyeva, and that brought a painful dualism to how he felt about both women.
Arkady Petrov

Я – однолюб. Моя первая (с седьмого класса) и единственная любовь – моя жена.
Аркадий Вольский

I am a man of one love. My first and only love (dating back to seventh grade) is my wife.
Arkady Volsky

опохмели́ться/опохмеля́ться, опохме́л(ка)

{verb; noun, masculine (feminine)}

To *опохмелиться* is to have a drink to cure a hangover after a night of drinking heavily, to have a drink the morning after. "Hair of the dog." The *опохмел(ка)* is the drink itself.

Разговорное. Выпить спиртного с целью избавиться от недомогания, слабости, вызванных сильной выпивкой накануне.

Академический словарь

(Матрена) знала, что ему надо опохмелиться, и у нее уже было припасено полбутылки водки.

Максим Горький

Впрочем, сейчас он умирал от желания опохмелиться. Слоняла сразу угадал знакомое состояние, и ... пригласил страдальца на кружку пива.

Юрий Нагибин

К вечеру на следующий день водка и деньги кончились, гости разошлись, мать с дочерью на преждевременную опохмелку потянуло.

Юлия Вознесенская

Colloquial. To drink some alcohol to relieve distress and weakness caused by heavy drinking the day before.

The Academic Dictionary

(Matryona) knew that he had to have a hair of the dog, and she had saved half a bottle of vodka for him.

Maxim Gorky

However, at the moment he was dying for a hangover cure. Slonyala recognized at once a familiar state and... invited the sufferer to have a glass of beer.

Yuri Nagibin

By the following evening, the vodka and money had run out, the guests had left, and mother and daughter both felt a strong need for a preemptive hair of the dog.

Yulia Voznesenskaya

ÓТЗЫВ
{noun, masculine}

Possible translations are: 1. Opinion 2. Judgment 3. Reference, testimonial 4. Response 5. Comment. The problem is that translations 1 and 2 omit the communication (of the opinion or judgment), which is part of the meaning of отзыв. Translation 3 will serve only for particular contexts. Translation 4 is good but suits too many other contexts. Number 5 is wider in meaning than отзыв.

Суждение, мнение, содержащее оценку кого-, чего-либо. Рецензия. Ответ.

Словарь Даля

A judgement or opinion, containing evaluation of someone or something. Reference, review. Response.

Dal Dictionary

Мишле, французский историк, в своем отзыве об этой работе Герцена характеризует ее как "героическую книгу великого русского патриота". Несомненно, с удовлетворением прочел Герцен отзыв о своей работе французского революционного писателя... Нетрудно распознать в этом обидно беглом отзыве и оттенок зависти.

Лев Славин

Michelet, the French historian, in writing about this work by Herzen, characterizes it as "a heroic book by a great Russian patriot." Undoubtedly, Herzen read with satisfaction the French revolutionary writer's review of his work... It is not difficult to also see in this insultingly cursory commentary a hint of envy.

Lev Slavin

Не раз уж мы сталкиваемся с тем, что чеховские творения вызывают резко различные отзывы – достаточно вспомнить высказывания о "Душечке" Горького и Толстого... При всей широте амплитуды читательских оценок чеховского рассказа есть среди них отзывы, в которых говорится о противоречии между замыслом автора и его реальным воплощением. По мысли Льва Толстого, Чехов хотел осудить и высмеять героиню, однако на деле, как художник, сделал нечто обратное – воспел ее, овеял своей симпатией.

Зиновий Паперный

It is not the first time we encounter sharply different opinions of Chekhov's works — suffice it to remember the comments by Gorky and Tolstoy about his story *Darling*... Within the wide range of reader responses to the Chekhov short story, there are some who speak of the contradiction between the author's idea and his realization of it. According to Tolstoy, Chekhov wanted to condemn and mock his heroine, and yet, in reality, as an artist, he did something quite the opposite — he sang her praises and surrounded her with sympathy.

Zinovy Paperny

ОТХО́ДЧИВЫЙ
{adjective}
Describes someone who loses her/his temper with another person, but does not subsequently harbor resentment. 1. Not bearing grudges. 2. Easily appeased 3. Forgiving. The antonym is злопамятный (vindictive).

Легко, быстро успокаивающийся после гнева, раздражения; неспособный долго помнить обиды, сердиться.

Академический словарь

Someone who calms down easily after anger or irritation; unable to remain offended or angry for long.

The Academic Dictionary

Он человек горячий, вспыльчивый, но отходчивый.

He is a hot-tempered man, but his anger doesn't last.

— А разве среди женщин таких не бывает, что выбирают мужика, чтобы его мучить? – спросила Ольга.

— Бывает, но редко, – ответила Эмма, – мы отходчивей. Да и не может женщина долго свою жертву перед глазами видеть, чтобы не сжалиться над ней.

Юлия Вознесенская

"But aren't there some women who choose a man in order to torment him?" Olga asked.

"It happens, but rarely," Emma replied. "We are more easily appeased. And a woman can't keep seeing her victim before her without taking pity on him."

Yulia Vosnesenskaya

очередной
{adjective}

Next, next in turn, periodic, recurrent, regular, routine (pejor.), usual, "yet another." The word is derived from очередь – queue. Each of the translations given serves in the appropriate context, but Russian has an exact translation for each of these English words (следующий, периодический, повторяющийся, обычный, регулярный...), none of which capture the full meaning of очередной, which is etymologically related to the noun "turn" (as in "it's your turn").

1. Стоящий ближайшим, первым на очереди. – Очередной вопрос.
2. Происходящий, выходящий в определенной последовательности, в определенные сроки. Очередной номер газеты. 3. Случающийся время от времени. Очередной скандал.

Словарь Ожегова

1. Something that is the closest, the head of the line. The next question.
2. Occurring or falling in a certain sequence, at a certain time. Latest issue of a newspaper. 3. Happening from time to time. Recurrent scandal.

Ozhegov Dictionary

Очередная задача
Очередное звание
Очередные неприятности
Очередной отпуск
Очередная эпидемия гриппа

Immediate task
Next highest rank
The usual trouble
Regular holidays
Periodic influenza epidemic

Вчера в Москве открылась очередная сссия Думы.

Yesterday a new Duma session opened in Moscow.

Очередное заседание Совета директоров состоится в этом месяце.

The next board meeting will take place this month.

У него, кажется, очередной запой.

He seems to be on yet another binge.

по́двиг

{noun, masculine}

Heroic deed, feat, act of heroism, something done for the general good. The Russian word *подвиг* tends to have a much wider usage (*военный, трудовой подвиг*) than English equivalents.

Героический, самоотверженный поступок, важное по своему значению действие, совершаемое в трудных условиях.

Академический словарь.

A heroic, selfless act or an important action performed under difficult conditions.

The Academic Dictionary.

Доблестный поступок.

Словарь Даля

A valiant deed.

Dal Dictionary

Поэтический путь Мандельштама является тем, что его соотечественники называют подвигом, т.е. духовной доблестью или героическим поступком для общего блага.

Генри Гиффорд

Mandelstam's poetic career constitutes what his countrymen call a *podvig*, a spiritual feat or act of heroism, for the general good.

Henry Gifford

Слово подвиг невольно напрашивается, когда думаешь о том, какие глубокие познания, какой тонкий инстинкт ученого, какая острая сметливость нужны были, чтобы совершить его. Я считаю, что подвиг этот еще не оценен в полной мере. Лихачев не только реконструировал художественный метод древних русских писателей, он с талантом художника нащупал путь, по которому шла литература.

Вениамин Каверин

The phrase "heroic feat" comes to mind when one considers what deep knowledge, what subtle scholarly instinct, and what sharp insight were needed in order to achieve it. I think that this heroism has not yet been fully appreciated. Likhachev not only reconstructed the artistic method of early Russian writers, but also, with the talent of an artist, he felt his way down the path along which literature had developed.

Veniamin Kaverin

Здесь часто останавливаются посетители, читая выбитые в камне слова: "подвиг требует мысли, мастерства и риска"...

Журнал "Слово"

Но ближайшие ученики и последователи, вроде Черткова, понимали, что новому учению для прочности и для вспышки нужна жертва, нужен подвиг. Таким подвигом им представлялся уход Толстого из Ясной Поляны, от семьи, от привычной жизни, короче говоря – уход.

Владимир Солоухин.

Оксфордский словарь узаконил некоторые русские слова, принятые теперь в мире; например, слова "указ" и "совет" упомянуты в этом словаре. Следовало добавить ещё одно слово – непереводимое, многозначительное, русское слово "подвиг". Как это ни странно, но ни один европейский язык не имеет слова хотя бы приблизительного значения...

Николай Рерих

Visitors often stop here to read the words engraved in stone: "a heroic deed requires thought, skill and daring"...

Slovo journal

But the closest pupils and followers, like Chertkov, understood that, for stability and illumination, for a new teaching to endure, for it to catch on, there had to be sacrifice, there had to be heroism. They saw such heroism in Tolstoy's departure from Yasnaya Polyana, from his family and his familiar life, in short – departure.

Vladimir Soloukhin.

The Oxford dictionary has legitimized some Russian words, accepted now throughout the world; for example, the words "ukaz" and "soviet" are included in this dictionary. One more word should have been added – untranslatable, polysemantic, the Russian word "*podvig*." Strange as it may seem, no European language has a word with even an approximately similar meaning.,.

Nikolai Roerich

по́шлый; по́шлость
{adjective; noun, feminine}
An object, person or act that is *пошлый* is morally low, tasteless, rude, common, banal, vulgar. In contemporary parlance, "tacky" might work as a translation, but the Russian is more profoundly condemnatory.

Низкий в нравственном отношении, безвкусно-грубый, мелкий, ничтожный, заурядный. Пошлое общество. Пошлый человек. Пошлые вкусы. Пошлый анекдот.

Словарь Ожегова

Morally low, tastelessly rude, petty, worthless, ordinary. Petty society. A rude person. Shallow tastes. A crude joke.

Ozhegov Dictionary

1. Давний, стародавний... 2. Избитый, общеизвестный..., вышедший из обычая; неприличный, почитаемый грубым, простым, низким, подлым, площадным; вульгарный, тривиальный.

Словарь Даля

1. Old, ancient... 2. Trite, known to all..., no longer done; indecent, considered to be rude, simple, low, mean, coarse, vulgar, trivial.

Dal Dictionary

Даже у Горького, позднего русского "викторианца," можно иногда найти "пошлое," но не у Бунина. Никогда чувство вкуса не изменяло ему.

Нина Берберова

Even in Gorky, a late Russian "Victorian," one can sometimes find something "vulgar," but not in Bunin. Bunin's taste never let him down.

Nina Berberova

Но этот эпизод, (курортная близость Анны Сергеевны и Гурова), вопреки обычной, утвержденной в мировой литературе схеме, – в начале красота и восторг зарождающегося чувства, в конце скука и пошлость – этот эпизод вырастает в настоящее большое чувство, противостоящее пошлости и ханжеству и бросающее им вызов.

Александр Твардовский

But this episode, (the seaside affair between Anna Sergeyevna and Gurov), contrary to the usual, well established plot in world literature – in the beginning there is the beauty and delight of a newfound feeling, followed by boredom and banality — this episode grows into a real, grand-scale feeling, standing in opposition to vulgarity and philistinism, even challenging them.

Alexander Tvardovsky

Английские слова, выражающие некоторые, хотя ни в коем случае не все стороны ПОШЛОСТИ это, например: "дешёвый, притворный, грязный, слащаво красивый, высокопарный", безвкусный... .

У русских есть или было специальное название для самодовольного мещанства — ПОШЛОСТЬ. "Пошлизм" это не только очевидно низкопробное, но в основном псевдоважное, псевдокрасивое, псевдоумное, псевдопривлекательное. Приклеить страшный ярлык "ПОШЛИЗМ" на что-либо, это не только эстетическое суждение, но также моральное осуждение. Искреннее, простодушное, хорошее не бывает ПОШЛЫМ.

... В старое доброе время любой Гоголь, Толстой, Чехов в поисках простоты правды легко отличали вульгарную сторону вещей, также как низкопробные системы псевдомысли. Но ПОШЛЯКИ имеются везде, в любой стране, в этой стране также, как в Европе — на самом деле ПОШЛОСТЬ чаще встречается в Европе, чем здесь, несмотря на нашу американскую рекламу.

Владимир Набоков

English words expressing several although by no means all aspects of POSHLUST are, for instance: "cheap, sham (fake), dirty (smutty), pink-and-blue, high-falutin," in bad taste.

Russians have, or had, a special name for smug philistinism – POSHLUST. Poshlism is not only the obviously trashy but mainly the falsely important, the falsely beautiful, the falsely clever, the falsely attractive. To apply the deadly label of POSHLISM to something is not only an aesthetic judgment but also a moral indictment. The genuine, the guileless, the good is never POSHLOST.

... In the old days a Gogol, a Tolstoy, a Chekhov, in quest of the simplicity of truth, easily distinguished the vulgar side of things as well as the trashy systems of pseudo-thought. But POSHLISTS are found everywhere, in every country, in this country as well as in Europe – in fact POSHLISM is more common in Europe than here, despite our American advertisements.

Vladimir Nabokov

(this quote originally appeared in English)

пра́здник
{noun, masculine}
Holiday in the sense of festival, national holiday, festive occasion, occasion for celebration, red-letter day; antonym of бу́дни (see above). English does not have a word that combines these meanings.

1. День торжества в честь или в память какого-либо выдающегося события. Праздник Первомая. День или дни в честь какого-либо события или святого, особо отмечаемые обычаем или церковью. Общий нерабочий день или несколько нерабочих дней подряд по случаю таких торжеств. Антоним – будни. 2. Веселье, торжество, устраиваемое кем-либо по какому-либо поводу. Семейный праздник. Праздник песни. 3. О дне, ознаменованном каким-либо важным, приятным событием, а также о самом таком радостном событии. – Каждая новая книжка журнала для него была праздником. 4. (переносное) Испытываемое от чего-либо наслаждение, чувство приятного, радостного, а также сам источник наслаждения, радости.

Академический словарь

1. A day of celebration in honor or in memory of some outstanding event. May Day celebrations. A day or days in honor of some event or a saint, specially celebrated by custom or the church. Non-working day or several non-working days on the occasion of such celebrations. Antonym – working days. 2. A party or celebration organized by someone to mark a particular occasion. Family festivity. Festival of songs. 3. About a day, marked by some important, pleasant event, and also about the event itself. "Every new issue of the journal was a joyous occasion for him." 4. (figurative) Enjoyment, the feeling of pleasure, joy caused by something and also the source of such enjoyment, pleasure.

The Academic Dictionary

На всех лицах... виден был праздник.
Николай Гоголь

You could see festive joy written on all their faces.
Nikolai Gogol

Каждая весна праздник, а та весна была особенно празднична.
Иван Бунин

Every spring is an occasion for celebration, and that spring was especially festive.
Ivan Bunin

Будней больше не оставалось – одни праздники. Все становилось интересным, особенным.

Ирина Грекова

– Наверное, когда ты дома – у родителей праздник. Кстати, о праздниках. Какой из них твой любимый?
– Новый год... Мой коллектив... помогает превратить концерт в яркий и радостный праздник.

Из интервью с Филиппом Киркоровым

There were no ordinary days left – only festive days. Everything became interesting and special.

Irina Grekova

"No doubt, when you are at home, it is a great joy for your parents. By the way, speaking of joy and celebrations, which is your favorite?"
"New Year's... My band... helps to turn the concert into a bright and joyful festival."

Interview with Filipp Kirkorov

про́воды
{noun, plural}
Send-off, occasion or process of seeing off somebody who is leaving.

Прощание с кем-либо уходящим, уезжающим или с чем-либо приходящим к концу, заканчивающимся. Проводы масленицы. Снаряжение в дорогу. Проводы сына в армию. Проводы мужа в командировку. Гулянье, часто с угощением, при прощании с кем-либо уезжающим куда-либо или с чем-либо заканчивающимся.
Академический словарь

Seeing off someone who is departing, going away, or parting with something that is coming to an end. Celebrating the end of Shrovetide. Fitting out for the road. Seeing off a son to the army. Seeing off a husband on a business trip. Outdoor farewell party, often with refreshments (food), for somebody who is going away or when something is coming to an end.
The Academic Dictionary

Для пьянства есть такие поводы: поминки, праздник, встреча, проводы, крестины, свадьба и развод, мороз, охота, Новый год...
Самуил Маршак

There are many reasons for drinking: wakes, holidays, meetings, send-offs, christenings, weddings and divorces, frost, hunting, New Year's...
Samuel Marshak

Проводы проходили в зале. Анну Васильевну Косову провожали на пенсию.
Наталья Баранская, Проводы

A farewell party was taking place in the hall. Anna Vasiliyevna Kosova was retiring.
Natalya Baranskaya, A Farewell

простóр

{noun, masculine}

Space, spaciousness, expanse, scope, freedom, elbow-room. The word evokes the wide open spaces and seeming limitlessness of the Russian lands.

---

1. Свободное, обширное ространство. Степные просторы. 2. Свобода, раздолье. Ребятам на даче простор.
   Словарь Ожегова

1. Free, vast space. The vast expanses of the steppe. 2. Freedom, wide, open spaces. At the *dacha*, children have freedom to roam.
   Ozhegov Dictionary

Простое, пустое, ничем не занятое место... Простор в местности, простор во времени... В русской песне слышится простор души.
   Владимир Даль

Undeveloped, empty space with nothing in it... An expanse of space, an expanse of time... In Russian songs one can hear the expanse of the soul.
   Vladimir Dal

Ум простор любит.
   Поговорка

The mind likes open spaces.
   Saying

Писатель задал себе задачу познакомить земляков своих сколько-нибудь с народным языком, с говором, которому открывался такой вольный разгул и широкий простор в народной сказке.
   Владимир Даль

The author set himself the task of introducing the national language to his countrymen, a tongue that found such free reign and room to move in the folk tale.
   Vladimir Dal

Пушкину и впрямь хотелось на простор, в уральские степи, где прозрачный воздух будто вода ключевая, где тянет дымом далеких кочевий.
   Владимир Порудоминский

Pushkin truly wanted to feel free, to go to the Ural Steppes, where the transparent air feels like spring water, where you smell the smoke of distant nomad tribes.
   Vladimir Porudominsky

раздо́лье
{noun, neuter}
Synonymous with *просто́р*. The word evokes the wide open spaces and seeming limitlessness of the Russian lands.

---

1. Простор, широкое, свободное пространство. 2. (переносное) Свобода поступать по-своему. (разговороное).

Словарь Ожегова

1. Spaciousness, wide, open space.
2. (figurative) Freedom to behave as one pleases (colloquial).

Ozhegov Dictionary

Широкий ум любит пробовать, исполнять: творчество – потребность его; в занятиях, в попытках творить, осуществлять мысль Даль никогда не знал такого раздолья, как в Оренбурге.

Владимир Порудоминский

A broad mind likes to probe, to act: it has a need to be creative. In his studies, in his attempts to shape and implement his ideas, Dal never knew such freedom as in Orenburg.

Vladimir Porudominsky

Ленинск стал пристанищем бомжей, преступников, лиц, скрывающихся от правосудия. Здесь им настоящее раздолье.

Leninsk became a refuge for vagrants, criminals, people hiding from justice. Here they are truly free to do as they please.

Зверям тут раздолье.

Станислав Романовский

Animals have space to roam here.

Stanislav Romanovsky

размáх
{noun, masculine}

Scope, range, sweep, scale, span, amplitude, breadth. When applied to character, the word may suggest an admirable expansiveness and generosity. In English, the problem is choosing between too many translations.

Действие по глаголу размахивать, размахиваться: раскачать какой-либо предмет, махая взад и вперед или вращая его для придания силы, скорости движению.
Академический словарь.

An action from the verb "to swing, to brandish": to swing some object back and forth or around to build up force and speed.
The Academic Dictionary.

1. Смотри размахнуться. 2. Расстояние между крайними точками раскрытых, развернутых рук, крыльев и т. п. (специальное). Размах крыльев самолета. 3. Предел колебания, качания, амплитуда (специальное). Размах маятника. 4. (переносное) Широта, объем деятельности. Большой размах строительства.
Словарь Ожегова

1. See размахнуться [to swing one's arm]. 2. Distance between extreme points of open arms, wings, etc. (technical). An airplane's wing span. 3. Amplitude, oscillation (technical). Swing of a pendulum. 4. (figurative) Scale, scope of activity. Large scale construction.
Ozhegov Dictionary

Мы оба любим Россию с ее странностями и непостижимым размахом.

We both love Russia with its oddities and unimaginable scale.

Она (художественная литература), считает Герцен, протест против разлития в стране власти чиновничества, которое по размаху своего влияния превосходит даже Византию, самое бюрократическое государство в истории человечества.
Лев Славин

Literature, according to Herzen, is a protest against the expansion of the bureaucracy's power in the country, which, in the scale of its influence, exceeds even Byzantium, the most bureaucratic state in the history of mankind.
Lev Slavin

...Чехов, будучи человеком культурным, человеком культуры, оберегая и лелея ее (пленку культуры) в последний момент начинает судорожно натягивать эту пленку, насколько позволяют его силы и размах руки.

Дмитрий Пригов

Гнездо свое Ростроповичи устраивали с размахом и вкусом. Слава в концертных поездках выискивал диковинную старинную мебель. Галина заботилась об уюте. Дом был открытым, с шампанским после концертов, с дружеским застольем.

София Хентова

... Chekhov, being a cultured man, a man of culture, protecting and treasuring it (the thin membrane of culture) begins at the last moment to pull this membrane frantically, as much as his strength and reach would allow.

Dmitry Prigov

The Rostropoviches furnished their nest with grand flourishes and good taste. On his concert trips, Slava sought out curious, antique furniture. Galina concerned herself with making the home cozy. The house was welcoming, with champagne after concerts and friendly conversation around the table.

Sofia Hentova

разру́ха
{noun, feminine}

Ruin, collapse, devastation (especially after war, revolution or some other cataclysmic event). The Russian word combines the meaning of all three English translations.

Полное расстройство, преимущественно в хозяйстве, экономике. Первая мировая война привела к разрухе народное хозяйство в России. *Словарь Ожегова*	Complete disorder, mainly in the economy. The First World War caused the collapse of the Russian economy. *Ozhegov Dictionary*
В стране кончалась разруха, начался НЭП. *Аполлон Давидсон*	Economic devastation in the country was coming to an end, and the New Economic Policy began. *Apollon Davidson*
Но ты видишь, что делается. Едва мы (Сибирь) слились с Советской Россией, как нас поглотила ее разруха. *Борис Пастернак*	You can see what's going on. No sooner had we (Siberia) joined Soviet Russia than we were swallowed up by its devastation. *Boris Pasternak*
... фронтовики: они вернулись к своим детям, к своим разоренным домам, к голоду и разрухе. И взяли на свои плечи заботу и о нас (детях). *Николай Губенко*	... soldiers: they came back to their children, to their ruined houses, to hunger and devastation. And they took upon their shoulders responsibility for us (children). *Nikolai Gubenko*
... о разрухе современной брачно-семейной жизни у нас писали за последние двадцать лет не раз.	... in the last twenty years, the collapse here of modern marriage and family life has been written about quite frequently.

ровéсник / ровéсница
{noun, masculine/feminine}
Person of the same age, a contemporary. The problem with the first expression is that it is descriptive. The second is only suitable in some contexts. A further suggestion could be "coeval," except that this is so rarely used, and that it has other meanings too.

Человек одинакового возраста с кем-нибудь.

Словарь Ожегова

A person of the same age as someone.

Ozhegov Dictionary

Его жене пятьдесят, значит, ему столько же. Они ровесники.

Виктория Токарева

His wife is fifty, so he must be the same. They are coevals.

Victoria Tokareva

Двенадцать лет не делали разницы между ними, они держались как ровесники...

Лев Славин

Twelve years did not make any difference between them, they behaved like people who are the same age...

Lev Slavin

А еще такой существенный для нашего случая вопрос возникает: как обращались друг к другу Горбачев и Рыжков, когда они, ровесники и коллеги, вместе трудились над выполнением андроповского задания.

Михаил Синельников

And there's something else of relevance for us here: how did Gorbachev and Ryzhkov address each other when they, colleagues and people of the same age, worked together on a task that Andropov had set for them.

Michael Sinelnikov

родно́й
{adjective}

One's own (due to ties of birth), native. *Родно́й язык* – native language; the substantivised adjective *родные* denotes relations, relatives, kith and kin; antonym of *чужо́й* (see below). The word has strong positive connotations. The English language and mentality do not seem to attach such importance as Russian to the fact of blood relationship, hence there is no satisfactory equivalent.

---

1. Состоящий в родстве. 2. Свой по рождению, по духу, по привычкам. Родной край. Родная страна. Родной язык. 3. Дорогой, милый.

Словарь Ожегова

Мой папа и дядя Лёша — родные братья, а мы с Ренаткой — двоюродные сёстры...

Виктория Токарева

Что за дело, какое и чье слово, лишь бы оно верно передавало заключенное в нем понятие! Из двух сходных слов, иностранного и родного, лучшее есть то, которое вернее выражает понятие.

Виссарион Белинский

И какими родными и своими (хотя и немножечко чужими, но не чуждыми, нет, а лишь чуть иными, более закрытыми, европейскими, цивилизованными) казались эти места и эти люди.

Вера Чайковская

Любовь к Родине – понятие не рассудочное, а эмоциональное. Любовь к Родине – любовь к своей земле, к родной природе, привязанность к родному пейзажу...

---

1. Related by birth. 2. One's own, due to ties of birth, spirit or habit. Native land. Native country. Native language. 3. Dear, beloved.

Ozhegov Dictionary

My father and Uncle Lyosha are brothers, and Renatka and I are cousins...

Victoria Tokareva

What does it matter, what and whose word it is, if it best conveys the inner concept! Out of two comparable words, one foreign and one native, the best is the one that more truly expresses the concept.

Vissarion Belinsky

How dear and close (though a little bit strange, but not alien, no, just a bit different, more private, European, civilized) did these places and these people seem.

Vera Chaikovskaya

Love for one's country is not a rational concept but an emotional one. Love for one's country is love for one's land, the nature around you, affection for one's native landscape...

са́мородок
{noun, masculine}
A person who possesses natural gifts but lacks a systematic, thorough education; (of metals) nugget, piece of mined metal in chemically pure form, gem. This is a case when the figurative meaning of the word came to predominate over the original. Used mostly of people.

1. Кусок ископаемого металла в химически чистом виде. Золотой самородок. 2. (перен.) Человек с большими природными дарованиями, но без систематического образования.

Словарь Ожегова

1. A piece of mined metal in chemically pure form. Golden nugget. 2. (fig.) A person possessing natural talents but lacking a formal education.

Ozhegov Dictionary

Опубликование в 1863 – 1866 годах "Толкового словаря живого великорусского языка" В.И. Даля было событием большого культурно-исторического значения. Впервые в этом словаре были собраны и показаны неисчислимые богатства русского языка, речевые самородки и самоцветы.

Александр Ефимов

The publication from 1863 to 1866 of Vladimir Dal's *The Explanatory Dictionary of the Modern Russian Language* was an event of great cultural and historical significance. This was the first dictionary to collect and demonstrate the innumerable riches of the Russian language, the pearls and gems of speech.

Alexander Yefimov

"Когда я приблизился к императору и разглядел его благородную красоту, я восхитился им как чудом. Подобного ему человека редко увидишь где-либо, тем более на троне. Я счастлив жить в одно время с этим самородком..." Но почему же тогда "самородок" и чуть ли не восьмое чудо света?

Борис Парамонов

"When I approached the emperor and saw his noble beauty, I admired him as if he were a miracle. One rarely sees a person like him anywhere, especially on the throne. I am happy to live at the same time as such a natural treasure..." But why is he a "treasure" and almost the eighth wonder of the world?

Boris Paramonov

Талантливый самородок, горбом выбивавшийся из низов, Павел Егорович сам прошел жесткую школу жизни.

Владимир Лакшин

A person of natural talents, who had worked his way up from the lower classes, a hard life had been Pavel Yegorovich's teacher.

Vladimir Lakshin

све́рстник / све́рстница
{noun, masculine/feminine}

Person of the same age, a contemporary. Synonyms for рове́сник/рове́сница.
Requires a descriptive rendering.

Человек одинакового с кем-нибудь возраста.
Словарь Ожегова

A person of the same age as someone else.
Ozhegov Dictionary

... Пушкин и Тютчев, хотя и были практически сверстниками, принадлежали к, если можно так выразиться, разным культурным ареалам – наряду с российским: первый к французскому, второй скорее к немецкому.
Литературное наследство

... Pushkin and Tyutchev, although practically contemporaries, belonged, one might say, to different cultural habitats – beside their Russian one: the first belonged to the French, the second to German.
Literary Heritage

Школьник будет употреблять свои школьные арготические словечки только со сверстником; он не будет применять их в разговоре с родителями или с преподавателем.
Дмитрий Лихачев

A schoolboy will use his school slang only with someone of the same age; he would not use them when talking with his parents or with a teacher.
Dmitry Likhachev

У Пастернака желание сказать свое новое слово возникало не в силу отрицания сделанного старшими. Наоборот, это был результат восхищения высотой достигнутого и необходимости ответить по-своему, еще горячей и смелее. По его словам, примерно так чувствовало большинство его одаренных сверстников.
Евгений Пастернак

Pasternak wanted to express something new not because he wanted to deny what the elder generation had achieved. On the contrary, it was a result of his admiration for the heights they had attained and a need to respond in his own way with even more emotion and courage. He himself said that the majority of his gifted contemporaries felt much the same way.
Yevgeny Pasternak

свой

{possessive pronoun}

One's own, my/your/his/her/our/their own; close in meaning to родно́й (and therefore also having positive connotations) and an antonym of чужо́й. Note: свой челове́к = person who is not related, but whom one trusts. English does not have this possessive pronoun, and therefore cannot easily express its figurative meaning.

---

1. Своеобразный, свойственный только чему-нибудь данному. (В этой музыке есть своя прелесть). 2. Родной или связанный близкими отношениями, совместной работой. (Свой человек. Он парень свой. В кругу своих.)

Словарь Ожегова

1. Original, characteristic of something specific. (This music has its own charm). 2. Related or bound by close ties, by collaboration. (He is one of us. He is our guy. Among one's own sort of people.)

Ozhegov Dictionary

С детства я жил в своем особом мире, никогда не сливался с миром окружающим, который мне всегда казался не моим. У меня было чувство своей особенности, непохожести на других... Внешне я не только не стремился подчеркнуть свою особенность, но наоборот, всегда старался сделать вид, притвориться, что я такой же, как другие люди.

Николай Бердяев

From childhood I lived in my own special world, never involved with the world of those around me, which always seemed alien. I had a feeling of my own separateness, of being different from others... Outwardly, I not only did not try to emphasize my difference to others, but on the contrary, I always tried to give the impression that I was just like other people.

Nikolai Berdyayev

Марина Цветаева еще за год до смерти произнесла: "Я свое написала."

Андрей Тарковский

Marina Tsvetaeva declared a year before her death: "I have written what I had to write."

Andrei Tarkovsky

Свой всегда противопоставлен чужому, и эта противоположность в человеческом коллективе является одной их древнейших.

Виктор Колесов

There has always been an opposition between "those who are with us" and "those who are not," and this is one of the oldest oppositions in human society.

Victor Kolesov

У каждого свой способ не сойти с ума от общения с реальностью – поселиться в музее, проживая чужие жизни и не отваживаясь на свою.

Московские новости

Своих детей любить не проблема, ты чужих детей люби!

Людмила Петрушевская

Какое бы ни было слово, свое или чужое, лишь бы выражало заключенную в нем мысль...

Виссарион Белинский

Everyone has his own way of not going mad when dealing with reality — moving into a museum, living other people's lives and not having the courage to live one's own.

Moscow News

Loving one's own children is not difficult, but just try and love other people's children!

Lyudmila Petrushevskaya

Whatever word it is — from one's native tongue or a foreign one – so long as long as it expresses the inner meaning...

Vissarion Belinsky

сгла́зить
{verb}

To put the evil eye (on), put a jinx on (colloquial), to bring bad luck (to). The English word "to jinx" is close in meaning, but whereas "jinxing" is something children do in the English-speaking world, the fear of undermining some endeavor by being-over confident or failing to observe a practice dictated by superstition is adult business among Russians.

В суеверных представлениях: повредить кому-нибудь дурным глазом, недоброжелательным взглядом.

Словарь Ожегова

In superstitious beliefs: to harm somebody by putting the evil eye on them, or looking at them with malevolence.

Ozhegov Dictionary

И вот все последнее время у меня такое чувство, будто своими пятью окнами этот дом недобрым взглядом смотрит на меня через тысячи верст, отделяющие Европейскую Россию от Сибири, и рано или поздно меня сглазит.

Борис Пастернак

And recently I have had the feeling that this house, with its five windows, was looking at me in an unfriendly way across the thousands of *versts* separating European Russia from Siberia, and that, sooner or later, it would put the evil eye on me.

Boris Pasternak

- Ты неблагодарная, – злился Антон, – тебе одной из всех бывших зека удалось получить разрешение на приезд сына, а ты...
- Ох, не говори так! Сглазишь...

Евгения Гинзбург

"You are ungrateful," Anton said. "You are the only one of the former prisoners who managed to get permission for your son's visit, and you..."
"Oh, don't speak like that! You'll spoil it..."

Yevgenya Ginzburg

сплошно́й
{adjective}

Unbroken, continuous, all-round, complete, entire, total. Examples: сплошной забор – unbroken fence; сплошно́е удовольствие – sheer enjoyment; сплошной лес – dense forest; сплошная грамотность – 100 percent literacy; сплошная коллективизация – one-hundred-percent collectivization. The difficulty in translating this word is in choosing from many English variants. The nearest equivalent is probably "solid" in phrases like "solid mass of ice," сплошная масса – solid mass, except that "solid" means hard rather than merely continuous. (Continuous is more temporal than spatial.)

---

1. Идущий без перерывов, занимающий собой что-нибудь сплошь или состоящий из чего-нибудь сплошь. 2. Полностью, без всяких изъятий и оговорок представляющий собою что-нибудь.

Словарь Ожегова

1. Extending without interruption, filling something completely or consisting of something solid (continuous). 2. Completely, without any gaps or significant exceptions.

Ozhegov Dictionary

А когда... сплошные нагрузки, то ты уже не человек, а лошадь под дождём.

Виктория Токарева

And when... you have nothing but work, then you are no longer a human being but a horse standing in the rain.

Victoria Tokareva

... Гегель говорит о "сплошном быте" восточных народов, так же, как и Глеб Успенский говорит о "сплошном быте" русского народа. "Сплошная мысль," "сплошная нравственность" и, вообще, "сплошная жизнь" составляют характерную особенность Востока вообще и Китая в особенности...

Фридрих Горенштейн

... Hegel speaks about "the complete life" of Eastern peoples, in the same way as Gleb Uspensky talks about "the complete life" of the Russian people. "Total thought," "total morality" and in general "complete life" is a characteristic feature of the East in general and China in particular...

Friedrich Gorenstein

В моей жизни сейчас сплошные неприятности.

Ксения Володина

I have nothing but problems in my life right now.

Ksenya Volodina

Жизнь – это ж не только праздник сплошной. Это же ещё и трудности.

Михаил Литвак

Life is not an endless holiday. It also consists of hardships.

Michael Litvak

срок

{noun, masculine}
Period of time, term, deadline, date. The problem is that срок combines two meanings – time as a period and time as a date, which English must distinguish between.

1. Определенный промежуток времени. (На короткий срок. По истечении срока. В установленные сроки.) 2. Момент наступления, исполнения чего-нибудь. (Пропустить срок платежа. Представить работу в срок.)
Словарь Ожегова

1. A certain period of time. (For a short period of time. When time is up. Within the set timeframe.) 2. The moment of onset or fulfillment of something. (To miss a payment date. To deliver work on time.)
Ozhegov Dictionary

Последний срок.
Название рассказа Валентина Распутина

Deadline.
The title of a story by Valentin Rasputin

... Сто тридцать лет и семьдесят, конечно, разные сроки, но между ними нет принципиальной разницы, оба они восходят к дореволюционному периоду России. Дело не в сроках. За один год могло сделаться больше, чем за предыдущие сотни лет.
Владимир Солоухин

... One hundred and thirty years and seventy years are certainly different time periods, but there is no essensial difference between them, both of them go back to Russia's pre-revolutionary period. It is not the period of time that matters. More might happen in one year than in the previous hundreds of years.
Vladimir Soloukhin

Он (Солженицын) прожил у них почти четыре года – немалый срок для столь продуктивного писателя.
Софья Хентова

He (Solzhenitsyn) lived with them for four years — not a short time for such a productive writer.
Sofia Hentova

Это ощущение пронизывает стихи его книги "Сестра моя жизнь", написанные между двумя революционными сроками.
Евгений Пастернак

This feeling goes through the poems of his book *My Sister – Life*, which was written between the two revolutionary eras.
Evgeny Pasternak

стро́йный
{adjective}

Well-proportioned, elegant, shapely, well-balanced, graceful, harmonious, orderly, well put together, slender; something that is aesthetically pleasing, pleasant to the eye. Can be translated using a variety of English words. Russian words like *пропорциональный, элегантный, сбалансированный, грациозный, гармоничный, упорядоченный, хорошо сложенный* are synonyms of *стройный*. The fact that *стройный* can be used in reference to music indicates what is lacking in applying it to a person – something fluid, flowing. Implies "correct" according to some known criteria, and this is not conveyed by "slender" although it is suggested by the other translations.

---

1. Красиво и правильно сложенный, хорошего телосложения. 2. Правильно и красиво расположенный. 3. Имеющий правильное соотношение между своими частями, логичный. 4. О звуках: согласованный, гармоничный. Стройный тополь. Стройные ряды. Стройная теория. Стройная девушка. Стройный доклад. Стройное пение.
Словарь Ожегова

Люблю тебя, Петра творенье,
Люблю твой строгий стройный вид...
Александр Пушкин

Он же был удивительный красавец, высокого роста и стройный, с нежным лицом и юношеским голосом.
Василий Розанов

Одиночество "Слова" казалось неразрешимой загадкой, и нужен был грандиозный по объему и всестороннему знанию труд, чтобы найти потерянные связи и выстроить стройное здание тысячелетней русской литературы.
Вениамин Каверин

1. Beautifully and correctly put together, a well-proportioned body. 2. Arranged correctly and beautifully. 3. Having correct proportions between its parts, logical. 4. Of sounds: consonant, harmonious. A slender poplar. Orderly rows. A logical theory. A slender (shapely, graceful) girl. A well-balanced report. Harmonious singing.
Ozhegov Dictionary

I love you, Peter's creation,
I love your austere and graceful face...
Alexander Pushkin

He was surprisingly handsome, tall and slender, with a tender face and youthful voice.
Vasily Rozanov

The solitude of *The Tale* seemed an insoluble riddle, and a grandiose, encyclopaedic work was needed in order to find the lost connections and construct the harmonious edifice of Russia's thousand years of literature.
Veniamin Kaverin

судьба́
{noun, feminine}

Fate, fortune, destiny, lot. One has to choose from among several possible English translations, but the real difference between the languages is that the word "*судьба*" is used much more frequently in Russian speech and literature.

---

1. Стечение обстоятельств. Судьба столкнула нас с тобой. Какими судьбами? 2. Доля, участь. Ничего не знаю о судьбе брата. 3. Условия дальнейшего существования, будущность.

Словарь Ожегова

1. Coincidence. Fate brought us together. Fancy meeting you here! 2. Lot, fate. I don't know anything about my brother's fate. 3. The conditions of further existence, the future.

Ozhegov Dictionary

Не поддаваться судьбе, не растворять себя в будничном течении дел и забот, когда день прошел – и с плеч долой; чем бы ни занимался человек и что бы ни создавал он, он создает свою судьбу и самого себя.

Антон Чехов

Not to give in to your fate, not to lose yourself in everyday routine and cares, to feel relieved when each day has passed; whatever people do, whatever they create, they create their own fate and themselves.

Anton Chekhov

... роман автобиографический, в образе главного героя Саши Панкратова немало от реалий судьбы самого писателя.

Наталья Железнова

... it is an autobiographical novel, the main character, Sasha Pankratov, reflects many details from the actual life of the writer.

Natalya Zheleznova

Ну, не поеду я в Японию. Знать не судьба!

All right, I won't go to Japan. It isn't meant to be!

И от неё самой не зависело ничего. Всё зависело от случая, а значит от судьбы.

Виктория Токарева

Nothing depended on her. Everything depended on chance, that is, on fate.

Victoria Tokareva

Он выходил на сцену в шекспировской роли таким, каким был в повседневной московской жизни, но с печатью тяжелой думы на челе. И играл он, – все это чувствовали и понимали – не что иное, как собственную судьбу, судьбу своей эпохи, жизнь современника, столкнувшегося с необходимостью решить за себя и за других один вопрос: "Достойно ли терпеть безропотно позор судьбы иль нужно оказать сопротивленье?"

Александр Гершкович

He stepped onto the stage in his Shakespearean role exactly as he was in everyday Moscow life, but with the mark of serious thought upon his face. And what he was performing – everybody felt and understood this – was his own fate, the fate of his time, the life of his contemporary, for whom it was necessary to answer one question for himself and for others: "Whether 'tis nobler in the mind to suffer the slings and arrows of outrageous fortune, or to take arms against a sea of troubles"...

Alexander Gershkovich

СУ́ТКИ
{noun, plural}

Twenty-four hours, twenty-four-hour period. English does not have a single word to denote a day and a night (other than "day," which is not equivalent).

Промежуток времени, равный 24 часам, продолжительности дня и ночи. *Словарь Ожегова*	A period of time equal to 24 hours, the duration of a day and night. *Ozhegov Dictionary*
Круглые сутки.	Round-the-clock, twenty-four hours.
День да ночь – сутки прочь. *Поговорка*	A day and a night – and twenty-four hours have gone. *Saying*
Солженицын работал по семнадцать-восемнадцать часов в сутки, ложился спать в девять, а то и в восемь вечера. *Софья Хентова*	Solzhenitsyn worked for seventeen or eighteen hours a day, and went to bed at nine, sometimes even at eight pm. *Sofia Hentova*
Я упражняюсь в любое время суток – утром, вечером, ночью – сколько нужно... *Мстислав Ростропович*	I practise at any time of the day — in the morning, in the evening, at night — as much as I need... *Mstislav Rostropovich*
А тот был шумен, талантлив, беспутен, – загуляв, мог надолго исчезнуть. Предупреждал: "Если сутки меня нет – ничего, двое – тоже ничего, кончаются третьи – заявляй в милицию." *Наталья Ильина*	That one was noisy, talented and dissolute. Once he started drinking, he might disappear for a long time. He warned (her): "If I am gone for 24 hours, it's all right; two days, it's still okay; if a third night passes – call the police." *Natalya Ilyina*

сы́пать
{verb}

To pour, to strew, scatter and "sprinkle." The actions that the last three English verbs denote are limited to horizontal surfaces. The first verb is used for liquids as well, however, the interesting peculiarity of сыпать is its distinction from лить.

Заставлять падать, ронять (что-нибудь сыпучее или какие-нибудь мелкие частицы). Сыпать муку в мешок. Сыпучий: представляющий собой совокупность мелких частиц, не сцепленных между собой, рыхлый. *Словарь Ожегова*	To make fall, drop (something friable or made up of small particles). To pour flour into a sack. Friable: consisting of small particles, not joined together, loose. *Ozhegov Dictionary*
Ронять мелкое, зернистое, сухое вещество струей, то же, что "лить" о жидкости. Сыпать песок на пол. *Словарь Даля*	To pour a small, grain-like, dry substance in a stream, the same as "pour" for a liquid. To scatter sand on the floor. *Dal Dictionary*
Насыпь сахарный песок в сахарницу.	Pour sugar into a sugar bowl.
Мошенник ему табаком в глаза сыпнул. *Владимир Даль*	The scoundrel poured tobacco into his eyes. *Vladimir Dal*

тоскá

{noun, feminine}

Melancholy, anguish, pangs, depression, ennui, boredom, longing, yearning, nostalgia, weariness, tedium. None of these combines the notion of sadness, depression, yearning or boredom contained in the Russian word.

Душевная тревога, томление, соединенное с грустью и скукой. Тоска по родине. Наводить тоску. Предсмертная тоска. Тоска берет.

Словарь Ожегова

Emotional anxiety, longing (yearning) combined with sadness and boredom. Homesickness. To depress. Pre-death anguish. It is sickening.

Ozhegov Dictionary

Эту зиму я провела в дикой тоске и печали. Мне казалось, что я уже никому не нужна и карьера моя закончилась.

I spent this winter consumed by depression and sadness. It seemed to me that I was not needed by anybody and that my career had come to an end.

... я ... надеялся найти причину и объяснение моей ужасной тоски.

Михаил Зощенко

... I... hoped to find the cause and explanation of my terrible melancholy.

Mikhail Zoshchenko

... Мне в тот день было не по себе, тоска какая-то напала... То было предчувствие. Одним из слышанных нами выстрелов был смертельно поражен любимый брат мой Лев...

Владимир Даль

I felt uneasy on that day, some strange anguish gripped me... It was a premonition. One of the shots that we had heard fatally wounded my beloved brother Leo...

Vladimir Dal

У меня была страшная тоска, когда он был болен (любимый кот).

Николай Бердяев

I felt terrible anguish, when it (my favorite cat) was ill.

Nikolai Berdyayev

Он очень тосковал по жене и дочери.

Борис Пастернак

He longed for his wife and daughter.

Boris Pasternak

Тоска очень связана с отталкиванием от того, что люди называют "жизнью," не отдавая себе отчета в значении этого слова. В "жизни", в самой силе "жизни" есть безумная тоска... То, что называют "жизнью", часто есть лишь обыденность, состоящая из забот. Теория же есть творческое познание, возвышающееся над обыденностью. Теория по-гречески значит созерцание. Философия (вечно зеленая теория) освобождена от тоски и скуки "жизни". Я стал философом, пленился "теорией", чтобы отрешиться от невыразимой тоски обыденной жизни. Философская мысль всегда освобождала меня от гнетущей тоски "жизни", от ее уродства.

Николай Бердяев

Когда я вспоминаю свои молодые годы, я поражаюсь, как много было у меня горя, ненужных тревог и тоски. ... уже первые шаги молодого человека омрачились этой удивительной тоской, которой я не знаю сравнения. Хандра преследовала меня на каждом шагу. ... Значит, меланхолия, – думал я, – есть мое нормальное состояние, а тоска и некоторое отвращение к жизни – свойство моего ума... . ... Может быть, это страдание возникает от неустройства жизни, от социальных огорчений, от мировых вопросов? Может быть, это создает почву для такой тоски?

Михаил Зощенко

Melancholy is strongly linked with alienation from something that people call "life" without really understanding the meaning of the word. In "life," in the very force of "life," there is terrible boredom... What people call "life" very often is just everyday existence comprised of worries. Theory is a creative knowledge, towering above everyday existence. Theory in Greek means contemplation. Philosophy (an eternal theory) is free from the tedium and boredom of life. I became a philosopher, was captivated by "theory," in order to rid myself of the inexpressible boredom of everyday life. Philosophical thought always freed me from the depressing anguish of "life" and its ugliness.

Nikolai Berdyayev

When I recollect my early years, I am amazed at how much grief, unnecessary worry and anguish I had... Even the first steps of a young man were darkened by that amazing melancholy, which is something I don't know how to describe. Depression dogged my every step... "So melancholy," I thought, "is my normal state, and depression and some aversion to life is characteristic of my mind... " Perhaps this suffering arises from the disorder of life, from social troubles, from the problems of the world? Perhaps this prepares the ground for such depression?

Michael Zoshchenko

увлекáться / увлéчься
{verb}
To be carried away (by), to become keen (on), to be mad (about), to fall for, to become enamored (of). The word suggests great enthusiasm. Different English expressions can be used in different contexts, but all of them are approximate.

1. Целиком отдаться какому-нибудь занятию, чувству. 2. Влюбиться в кого-нибудь.

Словарь Ожегова

1. To give one's whole self to some occupation, feeling. 2. To fall in love with somebody.

Ozhegov Dictionary

Перебивать Ахматову, когда она увлекалась, начинала что-то рассказывать, было невозможно.

Аполлон Давидсон

When Akhmatova started recounting something enthusiastically, it was impossible to interrupt her.

Apollon Davidson

Очень Владимир Владимирович увлекался всякой работой. Уходил в работу с головой... .Он очень увлекался этой книгой.

Вероника Полонская

Any work Vladimir Vladimirovich was doing he did with enthusiasm. He threw himself into his work... He was carried away by that book.

Veronika Polonskaya

Как я потом убедилась, Маяковский со страшным азартом мог, как ребенок, увлекаться самыми неожиданными пустяками. Например, я помню, как он увлекался отклеиванием этикеток от винных бутылок.

Вероника Полонская

As I later realized, Mayakovsky could, with tremendous enthusiasm, be carried away – childlike – by the most unexpected trifles. I remember, for example, how he became keen on detaching labels from wine bottles.

Veronika Polonskaya

Для меня – начинающей молодой актрисы – получить роль в МХАТе было огромным событием, и я очень увлеклась работой.

Вероника Полонская

For me – an actress just starting out – to get a role at MKhAT was a huge event, and I was very enthusiastic about the work.

Veronika Polonskaya

Одаренными людьми Корнакова увлекалась, то один, то другой становились ее фаворитами.

Наталья Ильина

... с такой же сумасшедшей, бессмысленной страстью я стал увлекаться бумажными змеями.

Корней Чуковский

Сидя в "предварилке," я стал переводить Уолта Уитмена, которым горячо увлекался.

Корней Чуковский

В писательской работе меня больше всего увлекает радость изобретения, открытия.

Журнал "Слово"

Его мать из грузинских княжен Эристовых была взбалмошная и еще молодая красавица, вечно чем-нибудь увлекающаяся, – бунтами, бунтарями, крайними теориями, знаменитыми артистами, бедными неудачниками.

Борис Пастернак

Kornakova became enamored of gifted people, one person after another became her favorites.

Natalya Ilyina

... and with the same mad and foolish passion, I got carried away by paper kites.

Kornei Chukovsky

Sitting in a lock-up, I started translating Walt Whitman, who I was mad about.

Kornei Chukovsky

In my work as a writer I am mostly carried away by the joy of invention and discovery.

Slovo journal

His mother who was a Georgian princess, a member of the Eristov family, was an eccentric and rather youthful beauty, who was always carried away by something — riots, rioters, extreme theories, famous actors, the poor and the hapless.

Boris Pasternak

успевáть/успéть
{verb}
To have time (to do something), to manage (in time), to succeed (in doing something in time). English cannot capture the notion in a single word. "Manage" works in some contexts.

1. Сделать что-нибудь, прибыть куда-нибудь во-время, в срок. 2. Достигнуть успеха, добиться чего-нибудь (устарелое). Успел сходить в магазин. Успел к обеду.
Словарь Ожегова.

1. To do something, to arrive somewhere on time 2. To succeed at something, to achieve (obsolete). Had time to do shopping. Managed to get to dinner in time.
Ozhegov Dictionary

Анна Ахматова говорила о нем (о Гумилеве): – Славы он не дождался. Она была у порога, вот-вот. Но он не успел узнать ее.
Аполлон Давидсон

Anna Akhmatova said about him (about Gumilev): "He did not live long enough to achieve fame. It was at the threshhold, just there. But he did not manage to see it."
Apollon Davidson

Кто не успел купить билет заранее, покупает в поезде у кондуктора...
Лариса Миллер

Whoever did not have time to buy a ticket beforehand, buys it in the train from a conductor...
Larisa Miller

Установив в парижской квартире спутниковую антенну, чтобы смотреть телепередачи из Москвы, он утром 19 августа 1991 года узнал об антиправительственном путче в СССР и сразу решил ехать в Москву. Жену и детей предупредить не успел – в час дня он был уже в самолете.
Софья Хентова

Having installed a satellite dish in his Paris flat in order to watch programs from Moscow, he learned on the morning of the August 19, 1991, about the anti-government putsch in the USSR and immediately decided to go to Moscow. He did not have time to warn his wife and children – at one o'clock in the afternoon he was already on the plane.
Sofia Hentova

хам / ха́мка, ха́мство, ха́мский

{noun, masculine/feminine; noun, neuter; adjective}

Lout, boor, cow; loutishness, boorishness; loutish, boorish. Хам denotes a person who behaves in a crude, disgusting way and has no respect for herself/himself or others. Boor is nowhere near as abusive as хам. Note the origin of these words: boor (from German Bauer) means peasant. The Old English Dictionary defines boor as "a rustic, a clown." But хам is derived from the biblical name Ham, who in Genesis 9 saw his father Noah naked and told his brothers.

Ваш брат, вот Леонид Андреич, говорит про меня, что я хам, я кулак, но это мне решительно все равно. Пускай говорит.
Антон Чехов

Your brother, Leonid Andreyich, says about me that I am a boor, a kulak, but I don't care. Let him.
Anton Chekhov

Я виноват... и приношу ей самое глубокое сожаление о своем хамстве.
Андрей Тарковский

I am guilty... and most deeply regret my rude behaviour towards her.
Andrei Tarkovsky

... поступки, осмысляемые как "благородные" и "возвышенные" или "гнусные", "хамские" (по терминологии Николая Тургенева) и подлые.
Юрий Лотман

... actions, regarded as "noble" and "lofty" or "mean," "loutish" (in Nikolai Turgenev's terminology) and "base."
Yuri Lotman

... Все это может показаться смешным и устарелым нам, но, право, может только хам над русской жизнью издеваться.
Александр Блок

All this may seem funny and obsolete to us, but truly only a lout can make fun of Russian life.
Alexander Blok

Пошлость, по-моему, переходный период к хамству. Эпоха пошлости заканчивается, и о ней мы еще будем вспоминать, как о времени, когда можно было жить. Наступает эпоха и цивилизация хама, в религиозном смысле этого слова, не в бытовом.
Журнал Континент

Poshlost is, in my opinion, a transitional period towards *khamstvo*. The epoch of *poshlost* is coming to an end, and we shall remember it as a time when living was possible. The epoch and civilization of the *Kham* is coming, in the religious sense of the word, not in its everyday usage.
Continent *journal*

чужо́й
{adjective}

Someone else's, other people's, not mine/ours; foreign, alien, strange. The word is an antonym of родно́й and свой and therefore has negative connotations. The problem with the first three translations proposed above is that they are not adjectival, and "foreign" and "strange" have much broader applications. "Alien" is often used to translate чужо́й, but it has too strong a connotation of something threatening or unappealing. It is strange that English does not have a word for this very basic and ancient concept. It is also important to note that чужо́й is very distinct in its meaning: "not mine, not ours, belonging to someone other than me."

---

1. Не собственный, принадлежащий другим, не свой. 2. Не родной, не своей семьи, посторонний. 3. Далекий по духу, по взглядам, не имеющий близости с кем-чем-нибудь, чуждый.

Словарь Ожегова

1. Not one's own, belonging to others, not to oneself. 2. Not native, not belonging to one's family, having nothing to do with me. 3. Distant in spirit, in views, not close to somebody or something, alien.

Ozhegov Dictionary

Противопоставление глаголов по виду – специфически славянская особенность, во многих языках мира ее нет. Но в тех языках, где глаголы не различаются по виду, сложная система времен. Вот почему англичанину трудно изучать русский язык, а русскому – английский. Надо вникнуть в систему представлений чужого языка, проникнуться его духом.

Виктор Колесов

Opposition of verbs by aspect is a specifically Slavonic feature, there is no such thing in many languages of the world. But in languages where the verbs are not differentiated according to aspect, there is a complex system of tenses. That is why it is difficult for an Englishman to study Russian, and for a Russian to learn English. One has to get into the conceptual system of a foreign language to penetrate its spirit.

Victor Kolesov

Стоит сказать еще вот о чем: литература уже не делится на "белых" и "красных," на чужих и своих, поэтому в антологии представлены писатели-эмигранты.

Юрий Нагибин

It is also worth mentioning the following: literature is no longer divided into "white" and "red," into them and us, so émigré writers are also represented in this anthology.

Yuri Nagibin

Поэт (переводчик), влюбляясь в чужое, но прекрасное творение, стремится сделать "не свое" своим, слиться с ним – и доказать свою силу, способность этим "не своим" овладеть.

Григорий Кружков

Юный Блок, аристократ духа и крови, прекрасный и вдохновенный, как античный бог, будто бы попал на нашу грешную землю с небес, и все казалось ему здесь чужим и странным.

Вера Докучаева

Переводчику: "Хорошо, что с чужим языком ты знаком, но не будь во вражде со своим языком!"

Самуил Маршак

The poet (translator), falling in love with a beautiful creation that belongs to someone else, strives to make that which belongs to "someone else" his own, to merge with it – and prove his power, his ability to take over that which belongs to "someone else."

Grigory Kruzhkov

The young Blok, an aristocrat in spirit and blood, beautiful and inspired like an ancient god, seemed to have fallen onto our sinful earth from the skies, and everything here seemed alien and strange to him.

Vera Dokuchaeva

To the translator: "It is good that you know a foreign language, but don't be an enemy of your own language!"

Samuel Marshak

Old Russian Measurements

Area

Russian Name	Current Equivalent	Old Russian Equivalent
владельческая десятина	14,567 meters²	3200 кв. саженей
казённая десятина	2.7 acres (10,925 m²)	2400 кв. саженей
квадратная сажень	4.55 meters²	

Length

Russian Name	Current Equivalent	Old Russian Equivalent
миля	7.47 km	10,500 аршин
верста	1.06 km	500 сажень
межевая верста		½ версты
сажень	2.13 meter	3 аршина / 1 arm span
маховая сажень		0.82 сажени
косая сажень		1.16 сажень
аршин	71.12 cm (28 inches)	
фут	30.48 cm (1 foot)	
пядь	18 cm	4 вершка
вершок	4.5 cm (1.75 inches)	
дюйм	2.54 cm (1 inch)	2 пальца
палец	1 cm	12 линий
линия	2.54 mm	

Dry

Russian Name	Current Equivalent	Old Russian Equivalent
четверть	209.91 liters	2 осьмины
осьмина	105.2 liters	2 пажака
лоф	65.19 liters	
пажак	52.47 liters	2 четверика
четверик	26.24 liters	8 гарнцов
четверка	6.34 liters	2 гарнца
гарнец	3.28 liters	
кружка	1.23 liters	10 царок
царка	0.12 liter	

Liquid

Russian Name	Current Equivalent	Old Russian Equivalent
бочка / сороковое	491.54 liters	40 вёдер
стекар	18.43 liters	
ведро	12.3 liters	100 чарок / 20 бутылок
крончка	1.2 liters	¹⁄₁₀ ведра
штоф	1.23 liters	2 бутылки
квар	1.1 liter	¼ штофа
бутылка	624 ml	5 чарок
чарка	123 ml	2 шкалика
шкалик / косушка	61.5 ml	

Weight

Russian Name	Current Equivalent	Old Russian Equivalent
берковец	163.8 kg	10 пудов
пуд	16.38 kg	40 фунтов
фунт	409.5 g	32 лота
лот	12.8 g	3 золотника
золотник	4.27 g	96 долей
доля	44.4 mg	

* *Many of the terms in this table had rather limited usage and some were archaic even at the turn of the 20th century, when the source for much of this information (Funk & Wagnall's Unabridged Illustrated Dictionary, 1908) was compiled. So readers will want to take some of the less common terms with a* доля *of salt.*

22 Russian Crosswords

Test your knowledge of Russian as well as Russian history, culture and life with these 22 challenging crossword puzzles taken from the pages of *Russian Life*. All the clues are in English, but you must fill in your answers in Russian. If you get stumped, of course all of the puzzles have answers printed at the back of the book.

[RC07 • 26 pp. • spiral-bound, 8½ x 11 • **$10]**

Bilingual Wall Map

The first-ever map of Russia and the FSU using the latest in GIS mapping technology. Now in its second printing, this popular map is a highly accurate, crisp, clean and colorful guide to one-sixth of the Earth's surface. A unique feature of this map is that it is really two identical maps – on one side it is entirely in Russian, on the other entirely in English. It shows all population centers over 50,000 inhabitants (and most over 10,000), geographic features and administrative regions. Cities are indexed right on the map and there is an enlarged Moscow region map.

[M660 • 3 ft. x 4 ft. (folds to 5" x 8.5") • **$10]**

To order, phone 800-639-4301 or visit www.russianlife.com

Russian Life
SINCE 1956

Russian Life is a bimonthly trip into the heart of Russian reality. It is a colorful, informative trip to the land of tsars and commisars. A balanced, thoughtful look at life as it is being lived in Russia today – the Russia you won't read about in your local or national paper or newsmagazine!

Enjoying a 50-year publication history, Russian Life offers a unique view on the life, history and society of Russia – as seen from Russia.

It is some of the best writing about Russia – the world's largest country – available today!

History... Art... Travel... Politics... Business... Culture... Music...

And more!

Subscribe to Russian Life for just $33 – 30% off the normal newsstand price! Plus, mention this ad and get a FREE 3' x 4' Bilingual Wall Map of Russia

To get your first taste of Russian Life, use the order form below, or call or visit our secure website. We look forward to having you join the discriminating readership of Russian Life!

BIMONTHLY.
FULL COLOR.
INDEPENDENT.

Three ways to subscribe today risk free:
- ❏ rip out this ad and **mail** it with your $33 payment ($38 for delivery outside the US) to: Russian Life, PO Box 567, Montpelier, VT 05601.
- ❏ **phone** 800-639-4301 (802-223-4955 outside North America)
- ❏ visit our **website**: www.russianlife.net

SUBSCRIBE

Name..
Address...
City........................... State......... Zip/Postal Code.............
Country............................
Email..
URW

www.ingramcontent.com/pod-product-compliance
Lightning Source LLC
LaVergne TN
LVHW011732060526
838200LV00051B/3144